UNIVERSITÉ DE FRANCE.

ACADÉMIE DE STRASBOURG.

ACTE PUBLIC
POUR LE DOCTORAT,

PRÉSENTÉ

A LA FACULTÉ DE DROIT DE STRASBOURG

ET SOUTENU

LE SAMEDI 13 AOUT 1853, A MIDI,

PAR

A. WEISS,

AVOCAT.

COLMAR,
Imprimerie et Lithographie de Ch.-M. HOFFMANN, Imprimeur de la Préfecture.

1853.

FACULTÉ DE DROIT DE STRASBOURG.

Noms des professeurs. Matières enseignées.

MM. Aubry, ⚔ doyen . . . . Droit civil français.

Rauter, O ⚔ doyen honoraire . . . Droit criminel et procédure civile.

Hepp, ⚔ . . . . Droit des gens.

Heimburger. . . . . Droit romain.

Thieriet, ⚔ . . . . Droit commercial.

Schutzenberger, ⚔ . . . . Droit administratif.

Rau, ⚔. . . . . Droit civil français.

Eschbach, ... Droit civil français.

    M. Bloechel , ⚔ . . . . . Professeur honoraire.

MM. Destrais , ... professeur suppléant.

Michaux-Bellaire, . }
Beudant , ... } professeurs suppléants provisoires.

M. Bécourt, officier de l'université, secrétaire, agent-comptable.

Président de la thèse : M. Eschbach.

Examinateurs, MM. .
    Aubry.
    Hepp.
    Destrais.
    Beudant.

DES DROITS DE SUPERFICIE,

EN DROIT FRANÇAIS ET EN DROIT ROMAIN.

INTRODUCTION.

1. Exposition du sujet.
2. Théorie de l'accession en droit français.
3. 4. Comparaison et différences de l'accession en droit romain et en droit français.
5. Division générale.

1. L'accession en matière d'immeubles, n'est pas dans notre droit civil comme dans celui des Romains, une règle absolue et invariable ; ses principes admettent de nombreuses exceptions. C'est ce qu'établit en termes formels l'article 553 du Code. Mais quelles sont ces exceptions ? Quels principes les régissent ? Dans quels cas doivent-elles être admises ? On chercherait vainement la solution de ces questions dans nos lois civiles.

Voilà le sujet que nous avons essayé de traiter. Développer *a priori* une théorie générale sans s'occuper des faits, était, nous l'avons cru, le grand écueil que nous devions éviter. Le droit ne peut être une science qu'à la condition de s'étayer d'abord sur des faits, c'est-à-dire des lois positives, et à défaut de lois, des arrêts et des usages.

Nous avons donc, avant tout, dû rechercher ces faits, base de notre travail, dans nos recueils de lois, dans les arrêtistes, dans les auteurs ; nous interdisant rigoureusement toute vaine spéculation en dehors de ces prémisses. Nous avons dû aussi étudier la théorie romaine sur cette matière, pour voir si elle avait laissé quelque trace dans notre droit.

La législation ne nous offrait que bien peu de dispositions. Trois articles du Code civil : (552, 553, 664) ; la loi du 6 août 1791, sur les domaines congéables et quelques articles de la loi sur les mines du 21 avril 1810, — c'est tout ce qui de près ou de loin se rapporte à notre sujet.

Les auteurs ne sont guères plus explicites. Proudhon est le seul qui ait écrit sur ce sujet un traité spécial ; il lui consacre quelques pages à la fin de son commentaire sur l'usufruit. Les autres interprètes du droit civil sont muets pour la plupart, ou n'ont que quelques lignes dédaigneuses.

Cependant ce petit coin de la science ne nous semble pas mériter l'oubli complet où on le laisse. Outre l'attrait de la nouveauté, d'autant plus grand que la théorie moderne ne ressemble ni à celle du droit romain, ni à celle du moyen-âge, il a pour lui l'intérêt pratique, et c'est bien quelque chose. On trouve en ouvrant les recueils d'arrêts une foule d'espèces qui s'y rapportent directement. C'est là la source principale où nous avons puisé.

«Ainsi il semble,» comme disait le bon Loyseau en son traité du Délaissement par hypothèque, « que tous ceux qui ont traité du droit français, ont évité cette matière ou s'en sont échappés légèrement comme d'un mauvais passage. Ce qui me servira d'excuse envers le lecteur débonnaire qui me voudra accompagner dans cette recherche, si le menant sans guide en un endroit si profond et obscur, il s'aperçoit que je fasse quelque faux pas, ou que je ne lui fasse voir si clair qu'il pourrait désirer pour son contentement. »

2. La théorie de l'accession relativement aux immeubles, selon le Code civil, se compose de deux principes :

1° *Celui qui a la propriété du sol, a la propriété du dessus et du dessous* (art. 552.)

2° *Tout ce qui s'unit et s'impose à la chose, appartient au propriétaire* (art. 551.)

Ces deux principes ne sont eux-mêmes que la conséquence d'un troisième plus général : « accessorium sequitur principale, » comme disent les commentateurs. — Le principe de l'article 552, réunit au sol dans une même propriété et à titre d'accessoires, l'espace souterrain au-dessous, l'espace aërien au-dessus. Accessoires naturels et pour ainsi dire nécessaires, puisqu'au début de toute propriété, ils ont dû nécessairement se trouver réunis dans la même main. Ce principe règle donc aussi bien le droit d'accession que la constitution et l'étendue de la propriété immobilière elle-même. — Le second principe au contraire, ne s'occupe que des accessoires fortuits que le hasard, la nature, ou la main de l'homme peuvent créer ; il les réunit à la propriété. De là cette conséquence sanctionnée par les articles 518, 519 et suivants, que les bâtiments, les récoltes pendantes par racines, etc., sont immeubles par nature, comme le fonds auquel ils sont incorporés. C'est en effet dans ce fait de leur union intime, de leur incorporation à l'immeuble, qui ne laisse plus subsister qu'un seul tout, que se trouve à la fois la raison de leur immobilisation et de leur attribution au propriétaire du sol.

Jusqu'ici le droit romain et le droit français sont en parfait accord. Mais l'article 553 ajoute : ..... « Si le contraire n'est prouvé ; sans préjudice de la propriété qu'un tiers pourrait avoir acquise ou pourrait acquérir par prescription, soit d'un souterrain sous le bâtiment d'autrui, soit de toute autre partie du bâtiment. »

Ainsi un tiers peut être *propriétaire* en tout ou en partie, malgré l'accession, de la maison bâtie sur votre terrain. Première exception.

Il peut encore être propriétaire en tout ou en partie de l'espace aërien ou de l'espace souterrain ; par exemple d'une mine, d'un souterrain. Seconde exception.

3. Or voilà ce qui ne peut avoir lieu en droit romain. En droit romain, l'accession est une règle qui ne souffre pas d'exceptions. Les jurisconsultes l'avaient suivie avec rigueur jusque dans ses dernières conséquences; il est vrai que ce n'avait pas été d'abord sans de vives discussions entre les écoles rivales. (D. Pompon, f. 28. De acq. rcr. dom.) Pour eux la propriété immobilière comprenait nécessairement tout ce qui se trouve compris à l'infini, entre les plans parallèles élevés perpendiculairement au sol sur la limite des héritages. Nulle portion de cet espace ne pouvait être détachée pour appartenir à un autre propriétaire que celui du sol. Ce n'était pas là dans leur manière de voir un principe que la législation particulière des nations pût modifier, c'était un axiôme rationnel, nécessaire, absolu; une condition du droit de propriété, et c'est ce qu'ils exprimaient en disant que l'accession est de droit naturel. «RATIO NATURALIS *est superficiem solo cedere,*» dit Cujas résumant en une phrase deux passages du Digeste, « QUÆ RATIO EST PERPETUA ET VALET SEMPER.» Aussi avait-elle lieu même à l'insu et contre le gré du propriétaire : «*Aedificium solo cædere ut domino soli acquiratur*, ETIAM IGNORANTI ET INVITO.» (Doneau, lib. IV, ch. 23.)

L'application de ce principe n'avait pas toujours été sans difficultés. Quelquefois les jurisconsultes avaient été forcés de faire de véritables tours de force, de subtilité, pour le maintenir en face de faits qui semblaient directement contraires. Ainsi, dans le cas d'une constitution de droit de superficie, ou, lorsque le dernier étage d'une maison, appelé «*cænaculum,*» appartenait à un autre que le propriétaire. Mais alors même la règle prévalait. — «*Superficiaras ædes appellamus, quæ in conducto solo positæ sint,* QUARUM PROPRIETAS, ET CIVILI ET NATURALI JURE EJUS EST, CUJUS ET SOLUM.» (Gaius ff. 2. De Superf. D.) — «*Si supra ædes quas possideo cænaculum sit, in quo alius quasi dominus moretur, interdicto Uti-possidetis me uti posse, Labeo ait, non eum qui in cænaculo moraretur* ; SEMPER ENIM SUPERFICIEM SOLO CEDERE.» (Ulp. ff. 3. §7. Uti poss. D.)

On voit que rien ne saurait être plus énergique, ni plus absolu que le droit d'accession en droit romain ; rien moins, que ce même droit selon le Code civil. Ce n'est plus aujourd'hui qu'une simple présomption, qui cède à la preuve contraire.

Cette différence capitale, si évidente pour nous, ne semble pas avoir frappé l'attention des auteurs. Il en est qui argumentent sans scrupules de la théorie romaine, pour reprocher aux rédacteurs du Code civil, d'avoir rangé l'accession au nombre des moyens d'acquérir la propriété. M. Marcadé, qui est du nombre, raisonne ainsi : (sur l'art. 546.) La chose accessoire, il est vrai cesse d'appartenir à son ancien maître ; elle entre dans le patrimoine du maître de la chose principale ; mais elle n'y entre pas comme une chose distincte ; elle s'est confondue en entier dans la chose principale, dont elle n'est plus qu'une qualité ; en droit elle a cessé d'exister. Donc il n'y a pas acquisition, puisqu'on ne saurait acquérir ce qui juridiquement n'existe pas.

L'article 555 repousse ce raisonnement. Ainsi, la maison bâtie par un tiers sur mon terrain, a si peu perdu toute existence juridique, elle s'est si peu confondue avec ma propre chose, par le seul fait de son incorporation, que le tiers dans certains cas peut en conserver la propriété. Lors donc, que la loi la lui prend pour me l'attribuer, il faut bien voir là un mode particulier d'acquisition.

4. D'autres différences encore, peuvent être signalées entre le droit romain et le droit français :

1° Le constructeur, même de bonne foi, ne peut, en droit romain obtenir une indemnité du propriétaire, qu'en opposant l'exception « *doli mali* » à sa revendication. Lors donc qu'il a perdu la possession, il n'a plus droit à rien. Il n'en est plus de même aujourd'hui ; le propriétaire qui conserve les bâtiments, doit toujours une indemnité ;

2° Le propriétaire romain ne peut en aucun cas exiger la démolition de l'édifice ; le propriétaire français peut toujours l'exiger, sauf exception en faveur du constructeur de bonne foi (art. 555) ;

3° Si la maison vient à être détruite par cas fortuit, ou démolie avant le paiement de l'indemnité, le constructeur même de mauvaise foi, a le droit de revendiquer les matériaux; la constitution d'Antonin est formelle. (C. J. Lib. 3, tit. 23. —) Aujourd'hui il faut donner la solution contraire. L'accession est un mode légal d'acquisition (art. 712), et cette acquisition n'étant subordonnée à aucune condition résolutoire, est nécessairement définitive.

5. Après avoir examiné le droit de superficie en droit romain, nous nous occuperons d'abord des exceptions à la maxime *« Superficies solo cedit, »* c'est-à-dire de ce que les auteurs appellent plus particulièrement aujourd'hui droit de superficie ; ensuite des exceptions à la règle que la propriété du sol emporte celle du dessus et du dessous. Dans une dernière partie nous examinerons quelques espèces où la superficialité se complique de mitoyenneté.

On nous blâmera peut-être d'avoir rangé parmi les droits de superficie, des droits qui bien loin de s'exercer à la surface du sol, s'exercent au contraire au-dessous. En ceci nous avons suivi la classification de la loi, qui dans l'article 553, énumère tous ces droits ensemble et les range dans la même classe. En effet leurs caractères essentiels sont les mêmes. La langue juridique d'ailleurs ne nous fournissait aucun terme qui nous permit d'embrasser dans une appellation générale, toutes les exceptions diverses dont nous nous occupons.

I.

DROIT ROMAIN.

DU DROIT DE SUPERFICIE

D'APRÈS LE DROIT ROMAIN.

6. Superficie, dans notre langage moderne, est synonyme de surface; telle est la décision souveraine de l'Académie. C'est le sens qu'on lui donne souvent dans la pratique et dans les arrêts, et que lui donnaient déjà la plupart des auteurs des derniers siècles. « *Sicut mathematicis superficies est* « *extrema cujusque corporis facies, omni profunditate carens; ita fere et*

jurisconsultis dicitur extremæ terræ vel soli cujusque alieni pars aut facies. »
(G. C. Leyser. Jus Georgicum. Ch. 19.)

En droit romain c'est le contraire. « *Superficies* » est constamment opposé dans les textes, soit à la surface du sol, « *area,* » soit au sol lui-même.
(p. ex. : D. f. 71. De usuf. — f. 29. § 2. De Pignor.) « Superficies » est donc, non pas la face supérieure du sol, mais quelque chose qui s'élève au-dessus de cette surface : des édifices, des arbres, des vignes. (D. f. 39. De legat. 1. — f. 13. De serv. præd. rust.) Le droit de superficie est le droit particulier que l'on peut acquérir sur la superficie, c'est-à-dire, sur ce qui s'élève au-dessus du sol et y est incorporé. Ce droit lui-même, comme son objet, prend quelquefois le nom de « superficies. » (D. f. 1. § 3. De surperf. — f. 1. pr. Quib. mod. ususf.)

Ce droit s'appliquait-il également à toute espèce de superficie ? C'est une question sur laquelle on n'est pas d'accord. Rationnellement il n'y aurait là sans doute aucune impossibilité; les droits de superficie s'exerçant sur des arbres, sur des plantations, ont été fréquents au moyen-âge, mais il faut reconnaître que les textes ne nous en offrent aucun exemple. C'est toujours : « *Superficiariæ œdes, — superficiaria insula.* » (D. f. 2. De superf. — f. 12. § 1. De publiciana. — f. 1. § 3. De vi. — f. 9., § 4; f. 39, § 2. De damn. inf.) Nous croyons donc que le droit de superficie ne pouvait avoir d'autre objet que des édifices.

7. Comment l'idée essentielle du droit de superficie a-t-elle pu naître en droit romain ? Là-dessus les sources sont muettes et il est assez difficile de le deviner. Voici pourquoi :

L'idée, le caractère essentiel de ce droit, c'est ce qui le distingue de l'emphytéose. L'emphytéose donnait à l'emphytéote un droit réel particulier sur le fonds tout entier; le droit de superficie, sauf quelques différences accessoires et sans importance en théorie, donnait au superficiaire un droit analogue, mais limité à la superficie seulement. Dès-lors il s'opérait une sorte de séparation entre le fonds (qui restait tout entier au propriétaire), et la superficie, (sur laquelle le propriétaire ne retenait plus qu'une partie de ses droits.) Or cette division du fonds, cette espèce de partage par tranches, qui ne répugne pas à nos idées, était contraire à l'esprit du droit romain.

Ce qui rend cette infraction aux principes plus difficile encore à comprendre, c'est qu'on n'en voit pas l'utilité. L'emphytéose pouvait fournir dans la pratique, un moyen d'arriver aux mêmes résultats, bien plus conforme à l'économie générale du droit. En effet, elle ne s'appliquait pas seulement aux fonds de terre, comme on pourrait le croire, mais bien encore, et quelquefois uniquement, aux bâtiments. La novelle 120 de Justinien en fournit un exemple remarquable :

Ch. 1. § 2. — « *Si vero quædam sunt loca,* — — *in quibus antiquæ habitationes depositæ sunt, et ex quibus nullus præbetur reditus: prædictæ vero venerabiles domus,*» (les églises), « *quibus competunt hæc loca reædificare non possunt, licentiam damus ipsis ordinatoribus eorum in* EMPHYTEUSES PERPETUO JURE TRADERE IPSA LOCA. *Ita ut* —, *si emphyteuta maluerit,* — — *Sub isto, pacto accipiat loca,* UT PRIMITUS ÆDIFICET » etc.

Ainsi non-seulement l'Emphytéose pouvait porter *principaliter et per se* sur des bâtiments, mais encore l'emphytéote pouvait être d'abord tenu de construire. Dès-lors quel rôle remplissait le droit de superficie ? Pourquoi imaginer un contrat si contraire à tous les principes? Quel avantage pouvait revenir au propriétaire de la retenue de la pleine propriété du sol?

Il y a peut-être à cela des causes historiques. Voici ce qu'il est permis de conjecturer.

D'abord si l'emphytéose et le droit de superficie ont ensemble des rapports intimes, si les textes du Digeste les réunissent le plus souvent et leur attribuent presque les mêmes effets, leur accordent les mêmes actions, (D. f. 12. § 2 et 3. De publician. — f. 1. Quib. mod. ususf. — f. 3. § 4. De Reb. eor. qui sub. tut. — f. 16, § 2, De Pignor. act. — f. 10. Fam. ercisc.), il est certain que ces deux droits ne sont pas contemporains et ont une histoire bien différente. Le droit de superficie est bien antérieur à l'emphytéose.

Il est mentionné dans deux fragments de Gaius, (f. 2. De superf. **D.** — f.
19. De damn. inf.); tous les textes qui s'y réfèrent sont de l'époque classique de la jurisprudence romaine; enfin il était déjà constitué sous sa forme
définitive par l'édit du préteur au temps d'Ulpien. C'est dans un fragment
d'Ulpien au contraire que l'emphytéose apparaît pour la première fois, (f.
3. § 4. De reb, eorum q. s. t. **D.**); elle ne devient d'un usage fréquent que
vers la fin du 3ᵉ siècle et n'est définitivement constituée que par Zénon. Aussi
ces deux droits ne pouvaient-ils naître en même temps. Le droit de superficie devait naître dans un temps de prospérité où s'élevaient de nombreuses constructions, où, à raison de la cherté des loyers, de l'importance du
mouvement dans les villes, il y avait avantage à bâtir, même sur un terrain
appartenant à autrui, même avec la certitude de perdre immédiatement la
propriété de l'édifice, et quelquefois dans un temps donné, tout droit quelconque sur lui. L'emphytéose au contraire, est le remède extrême de la dé-
cadence, le dernier effort des propriétaires ruinés, dont les « *latifundia* »
deviennent déserts, même dans les provinces les plus fertiles de l'empire.
Ainsi s'expliquent les différences des deux contrats et leur présence simul-
tanée dans le Digeste.

8. L'origine du droit de superficie doit se trouver dans quelque cause
qui rendait difficile ou impossible l'aliénation du sol. Par exemple :

1º *L'inaliénabilité du sol*. On trouve en effet plusieurs exemples de droit
de superficie constitués sur le « *solum publicum*, » inaliénable comme on
sait. Nous y reviendrons tout-à-l'heure.

2º *Le prix exorbitant des terrains* à Rome et dans les grandes villes
des provinces, si riches, si florissantes, si populeuses aux premiers siècles
de l'empire.

3º *La précarité de certaines propriétés*, qui devait éloigner les ache-
teurs. Les biens des municipes, des cités, des temples, nombreux à ce qu'il
paraît, n'étaient pas inaliénables; mais la position des acquéreurs était peu
tentante. Elle resta précaire, comme celle des biens provinciaux (« *agri tri-*

butarii, stipendarii»), jusqu'à l'introduction de la vindication utile, qui eut
lieu assez tard. La position de l'acquéreur était donc celle-ci : 1. S'il perdait
la possession il ne pouvait la recouvrer ; toute action lui était refusée ; 2. Il
la recouvrait seulement s'il avait possédé assez longtemps pour satisfaire à la
« *præscriptio longi temporis.*» (10 ou 20 ans : Paul. Seut. Lib. V. tit. 2. § 4.)
3. S'il ne l'avait jamais eue, il ne pouvait l'acquérir.— De plus, il est probable
que l'aliénation des biens des cités et des municipes ne pouvait avoir lieu
qu'après de longues et gênantes formalités. Tout cela comme on voit équi-
vaut à peu près à l'inaliénabilité.

Ne pouvant être vendus, ces biens furent loués. D'abord pour un certain temps ; Hyginus un des « *agrimensores* » dont Goëzius a publié les
traités, appelle indistinctement « *agri vectigales* » les biens inaliénables de
l'Etat, ceux des villes et des colléges de prêtres, loués *ad certum tempus* ;
plus tard, au temps de Gaius, l'usage des locations perpétuelles s'était introduit. Il dût arriver plus d'une fois, que par suite de l'agrandissement des
villes, quelques-unes de ces terres se trouvassent enclavées dans les nouvelles constructions ; on imagina alors de les louer, non pour les cultiver,
mais pour y bâtir. Le preneur et le bailleur y avaient intérêt ; d'ailleurs on
sait les soins que prenaient les romains pour donner de la régularité à
leurs villes. Des conventions particulières assurèrent aux preneurs la jouissance exclusive de ces constructions et un droit purement personnel encore,
mais bien plus étendu que celui d'un simple locataire. Le propriétaire s'en-
gagea à céder ses propres actions au constructeur, s'il était inquiété ; contre
le propriétaire lui-même, l'action « *locati* » suffisait. (Ulp. fr. § 1. De superf.
D.) Ainsi la position du constructeur se trouva bien préférable à ce qu'elle
eut été s'il avait été un simple acquéreur.

C'est à-peu-près ainsi et sur des terrains frappés d'inaliénabilité comme
faisant partie de majorats ou appartenant à des corporations, que s'est élevée
de nos jours la plus grande partie de Londres.

Ce qui nous prouve que les choses se passèrent ainsi, c'est d'abord, que
nous ne trouvons pas dans les textes un seul cas, où le droit de superficie soit

cédé par le propriétaire sur un bâtiment déjà existant. On suppose toujours que le terrain a été livré nu au superficiaire qui y a construit : Gaius. (f. 2. De Superf. D). « *Superficiarias ædes appellamus* QUÆ IN CONDUCTO SOLO POSITÆ SINT. » — Paul, (f. 18, § 4. de Damn. inf. D.) « *Ei* QUI IN CONDUCTO SOLO SUPER-FICIEM IMPOSUIT » ; — (f. 15. Qui pot. inf. D.) « *Superficies* IN ALIENO SOLO PO-SITA » — Quel intérêt d'ailleurs le propriétaire aurait-il pu trouver à transférer les droits exorbitans du superficiaire à son locataire lorsque les bâtiments exis-taient déjà ? On sait que le locataire en droit romain était tenu de toutes les réparations. (Paul. Sent. Lib. II. tit. 18. 2.) On ne peut donc penser que lors-que les terrains étaient bâtis, le propriétaire pour se débarrasser de l'entretien ait imaginé d'en vendre la jouissance.

Un passage d'Ulpien, (f. 2, § 17, Ne quid in loco publico.) est encore plus clair si c'est possible, et nous fait pour ainsi dire assister à la naissance du droit, avec cette particularité défavorable, cependant, que les constructions ont été élevées sur le sol public sans location ni consentement préalable. — « *Si quis nemine prohibente in publico ædificaverit, non esse eum cogendum tollere ne ruinis urbs deformetur.* — — *Si tamen obstet hoc ædificium publico usui, utique is qui operibus publicis procurat debebit id deponere, aut si non obstet, solarium ei imponere. Vectigal enim hoc sic appellatur solarium, ex eo quod pro solo pendatur.* » — En effet, la redevance annuelle due par le superficiaire au propriétaire lorsque le droit n'avait pas été constitué pour un prix une fois payé, (« *emere superficiem,* ») s'appelait « *Solarium.* » — D'autres fois c'était par convention que le droit s'établissait : (Ulp. f. 32. De contr. empt.) « *Qui tabernas argentaris, vel cæteras quæ in solo publico sunt, vendit, non solum, sed jus vendit : cum istæ tabernæ publicæ sint, quarum usus ad privatos pertinet.* » — Enfin il paraît que ces constructions élevées par des particuliers sur le sol public étaient devenues si fréquentes que Julien, dans une constitution rapportée au Code, au titre : « *De diversis præ-diis templorum et civitatum,* » se crut obligé de rappeler les dispositions de l'édit : « *Pro ædibus quas nonnulli in solo reipublicæ extruxerunt, placitam præstare pensionem cogantur.* »

9. Tel fut le premier état du droit de superficie; purement personnel, plus étendu que celui du locataire, plus étendu même que celui d'usufruit dans les rapports du propriétaire et du superficiaire, puisqu'il se transmettait aux héritiers; défendu contre les tiers par les actions du propriétaire , qui était tenu de les céder ; contre le propriétaire par l'action *locati*, ou l'action *empti*, suivant qu'il avait été constitué moyennant une redevance annuelle, (*«Solarium»*), ou pour un prix une fois payé. (Ulp. f.1. § 1. D. Sup.)

Bientôt il parut plus simple au préteur, et plus utile , (*« longe utile visum est »*), d'accorder directement au superficiaire une action réelle utile, (*« quasi in rem actionem polliceri»*), pourvu toutefois que la superficie fut établie pour un long temps, (*« Si ad tempus quis superficiem conduxerit, negetur ei in rem actio, et sane ei qui non ad modicum tempus conduxit, in rem actio competet »*). Aussi la formule de l'édit était-elle ainsi conçue : *« Si qua actio de superficie postulabitur* CAUSA COGNITA *dabo.»* (D. de superf. , *pass.*)

Ce changement est contemporain de l'époque classique de la jurisprudence. Paul , (f. 16 § 2. De pignor. act.) en parle comme d'une chose récente qui s'est accomplie de son temps : *« quia* HODIÈ, dit-il, *utiles actiones superficiariis dantur.»*

Enfin le préteur introduisit encore pour protéger la possession du superficiaire un interdit particulier, conçu sur le modèle de l'interdit *uti-possidetis.* (f. 1. § 2. De sup. D.) Tel est l'état où le droit de superficie nous apparait dans le digeste.

10. Ainsi le superficiaire avait un droit réel très-étendu. Sous forme d'actions et d'interdits utiles, toutes les actions et les interdits du propriétaire. (Ulp. f. 3 § 3. De op. n. nunt. — Ulp. f. 13. § 8, et f. 39. Pomp. De damn. inf. — Ulp. f. 1. § 9. De sup. — Ulp. f. 1. § 5. De vi.) Il transmettait son droit à ses héritiers. (Ulp. f. 10. Fam. ercisc.) Il pouvait le vendre, le donner, le léguer (Ulp. f. 1 § 7. De sup.); y établir un usufruit (f. 1. Ulp. Quib. mod. ususf.), des servitudes réelles (f. 1. § 9. Ulp. De sup.); le donner en gage, le grever d'hypothèques (Paul, f. 15.; Marcian. f. 15. § 3. De pigu. act.); en disposer enfin de la manière la plus absolue.

Et cependant il n'était pas propriétaire, « *dominus!* » Il n'avait pas le domaine quiritaire, cela est évident; il n'avait pas davantage ce que l'on a appelé depuis le domaine bonitaire, c'est-à-dire la propriété naturelle, reconnue et sanctionnée par le droit prétorien. Il est vrai qu'on pourrait conclure le contraire d'un passage d'Ulpien (f. 49. De Verb. Sig.) : « *In bonis autem nostris computari sciendum est non solum quœ dominii nostri sunt sed si bonâ fide a nobis possideantur vel superficiaria sint* », mais il ressort du passage même que l'expression « *in bonis* » est ici prise dans un sens très-étendu, puisqu'on l'oppose à tout espèce de « *dominium,* » (non solum quæ *dominii* nostri sunt). Il faut donc l'expliquer par : «*quœ nostri patrimonii sunt*» et non par «domaine bonitaire». (Ulp. f. 10. Fam. ercisc.) «*Item prœdia quœ nostri patrimonii sunt, sed et vectigalia, vel superficiaria, nec minus hœ quoque res, quas alienas defunctus bona fide possidet*». D'ailleurs nous avons vu, que le «jus gentium, » comme le «jus civile, » admettaient tous les deux la maxime «Superficies solo cedit, » et l'admettaient sans exception. Aussi le superficiaire ne devint-il pas propriétaire lorsque Justinien, abolissant le domaine quiritaire, qui de fait n'existait plus, éleva officiellement la propriété prétorienne au rang de propriété du droit civil. Et si à cette époque le superficiaire avait été «dominus bonitarius, » il est clair qu'il fut devenu purement et simplement propriétaire.

11. La théorie en refusant d'assimiler le droit de superficie au droit de propriété était parfaitement rationnelle ; de nombreuses différences séparent ces deux droits.

1º Le superficiaire , (et ici nous ne nous occupons que de la superficie constituée *ad longum tempus*, la seule qui donnât les actions utiles), n'avait pas seul l'exercice des actions et des interdits ; le propriétaire du sol restait propriétaire de l'édifice à l'égard des tiers ; il avait la possession et l'action *in rem* directe. Ce qui amène cette anomalie d'une même chose possédée *in solidum* par deux personnes.

2° Le droit du superficiaire n'était pas *res soli*, comme l'était entre les mains du propriétaire, une maison, un édifice (Ulp. f.7. § 1. De Usufr.) Cujas établit dans plusieurs passages, (Comment. in titul. 13. lib V. C. J. — Observ. lib. 17. cap. 2.), d'après des commentateurs grecs, qu'il ne désigne pas autrement, (*ut recte notant Græci interpretes*); il établit que sous l'empire de la constitution de Justinien qui prohibait la vente des immeubles dotaux, même avec le consentement de la femme, le mari continua à pouvoir aliéner la superficie de ces mêmes immeubles, conformément à ce qui avait lieu précédemment. (Pomp. f. 32. De jur. dot. D.). Et il ajoute «*et hoc casus valdè notandus est de superficie.*»

3° Le droit du superficiaire disparaît avec l'édifice sur lequel il est constitué, le propriétaire au contraire, cela est évident, si sa maison vient à être détruite par cas fortuit, est toujours libre de reconstruire. (arg. tiré de f. 39. § 2. Pomp. De damn. inf.)

4° Le droit de superficie ne pouvait pas s'acquérir par prescription. Cette question, il est vrai, était résolue en sens contraire par la plupart des anciens commentateurs. (V. la Dissertat. inaug. de Gambs. Strasbourg, 1644; th. 20 et 21. — J. N. Hertius, Dissertat. de J. Superf., § 9, et auteurs cités.) Tel n'est plus le sentiment des auteurs modernes, (V. ent. aut. M. Mühlenbrüch. Pand. recht. t. 2. § 298. note 18.), qui se décident par les mêmes raisons qui ont fait rejeter la prescription de l'emphytéose. Il y a d'ailleurs dans notre cas un texte formel : c'est la loi 26, Ulp., De usufr. et usucap. D. Elle est ainsi conçue : *Nunquam superficies sine solo capi longo tempore potest* Or la prescription *longi temporis* était la prescription prétorienne accordée aux possesseurs de biens, pour les choses dont on ne pouvait acquérir le domaine ; à ceux qui avaient l'action publicienne. Ce passage nous paraît donc parfaitement concluant, puisque non seulement il prouve que la superficie ne pouvait pas s'acquérir par usucapion, ce qui est hors de doute, mais même, que le préteur qui cependant accordait au superficiaire l'action publicienne, lui avait refusé le bénéfice de la prescription.

5° Lorsque le droit de superficie avait été établi au moyen d'un contrat de louage, le superficiaire était tenu au paiement d'une redevance annuelle. Le paiement de cette redevance était garanti par une hypothèque qui primait toutes celles que le superficiaire avait pu accorder. (Paul, f. 15 Qui pot. in. p.) Doneau, (L. 9. ch. 18.) applique à cette hypothèse toutes les règles spéciales du louage, résolution du contrat pour non paiement du loyer, etc. Mais les textes sont muets sur ce point.

12. La position du superficiaire vis-à-vis du « dominus soli » offre quelque chose de bien extraordinaire. Tous deux sont possesseurs et nous voyons ainsi se réaliser ce que Paul appelle une chose contre nature, une possession *plurium in solidum.* Toutes les fois que les jurisconsultes romains veulent rendre raison d'un état de choses si singulier, ils ont recours à nne comparaison avec les servitudes, et spécialement avec l'usufruit. Julien, (f. 86. § 4. De legat. 1.) appelle le droit de superficie une servitude ; (« hac SERVITUTE *liberetur.*») — «*Quia autem*» dit Ulpien, « *etiam in rem actio de superficie dabitur* — — *quasi* USUMFRUCTUM, *sive* USUM *quemdam ejus esse,*— — *credendum est.* » (f. 1. § 6. De superf. — V. encore : Ulp. f. 32. De cont. empt.) Cette comparaison se retrouve à chaque pas, (Ulp. f. 13. § 8. — Gaius. f. 19. De damn. inf.); enfin les termes mêmes de l'édit sont remarquables ; il porte, non pas : « *Uti superficiem possidetis,* » mais : « *Uti superficie qua de agitur,* FRUEMINI. » (De superf. pr.)

Cette assimilation avec les servitudes était d'autant plus juste que les servitudes étaient précisément les seuls droits réels qui fussent susceptibles de superficialité. Les unes étaient attachées au sol, les autres à la superficie (« *aliæ in solo, aliæ in superficie consistunt.* » — Paul. f. 3. Serv. præd. urb.), et la superficialité des secondes était si positive que si l'édifice venait à disparaitre, elles disparaissaient avec lui et ne se continuaient pas sur le sol. (Gaius, f. 3. Paul. f. 20, pr. et § 2, eod. loc.) Il en était de même pour l'usufruit, lorsqu'il avait été établi sur un édifice. (Comp. Ulp. fr. 8 et fr. 10. §7. Quib. mod. Ususf.)

M. de Savigny a donc pensé (et avant lui déjà Gambs, h. 41, op. cit.) que le superficiaire, comme l'usufruitier, n'avait qu'une *«quasi juris possessio»* ; mais cette opinion n'a pas trouvé faveur ; parce que, dit-on, les textes, (au nombre de deux seulement et peu concluans) qui parlent de la possession du superficiaire, ne la qualifient ni de *«quasi»*, ni de *«juris possessio.»* (M. Sintenis. Pract. Civilrecht, § 56, note 12.)

Du reste, le droit du superficiaire était bien plus étendu que celui de l'usufruitier. Il pouvait: 1° Le transmettre à ses héritiers ; 2° Aliéner, non pas seulement l'exercice de son droit, mais le droit lui-même ; 3° Avait-il le droit d'user de la chose même en la modifiant, comme l'emphytéote ? C'est probable ; mais les textes n'en disent rien.

13. Les textes ne nous apprennent également rien sur la manière dont finit le droit de superficie, à l'exception du passage de Pomponius, cité plus haut. Rien non plus ne nous autorise à penser, que l'on ait jamais appliqué à ce droit les nombreuses déchéances qui frappaient l'emphytéote : pour non-paiement du canon, pour cause de détérioration, pour irrégularité dans la transmission du droit ; ni les charges particulières, telles que le *«laudemium.»* Enfin quant aux superficies temporaires nous ne savons également rien sur le réglement des indemnités à payer par le propriétaire. Il n'est pas probable pourtant, que le superficiaire fut traité plus rigoureusement que le constructeur de mauvaise foi, et il est certain que dans ce cas, si l'édifice avait été démoli sans qu'aucune indemnité eut été payée, il pouvait revendiquer les matériaux. (Constit. Antonin. C. J. lib. 3. tit. 23.)

14. Par une constitution spéciale (la 3e au C. de jure emphyt.), Justinien crée au profit de l'emphytéote un véritable droit de superficie.

Il lui accorde le droit de disposer de ses *« meliorationes, emponemata »* ; toutefois sauf certaines restrictions. Si le propriétaire au profit duquel un droit de préamption est établi, n'a pas fait usage de son droit dans un certain délai, ou s'il refuse de donner le prix offert à l'emphytéote, celui-ci reste maître de disposer et de transmettre à un tiers son droit de superficie. (V. une espèce dans Ménochius, Consilium 662, tome 7.)

Mais Justinien se garde bien de définir ce qu'il entend par *« meliorationes. »* Dans l'espèce que nous venons de citer ce sont des constructions. Un particulier, emphytéote de biens ecclésiastiques, a construit et vendu ses constructions à un tiers. Et sans doute tel était aussi le vrai sens du mot en pur droit romain, si l'on peut appeler pur droit romain celui de Justinien. Mais cette expression ne tarda pas à recevoir l'extension la plus grande. Ici nous touchons à l'un des points les plus intéressants de notre histoire particulière ; la guerre des paysans, au XVIe siècle.

A la suite des défaites, où leurs prétentions à la propriété des terres qu'ils cultivaient, avaient été repoussées par la force des armes, les paysans ne se tinrent pas pour battus. Abandonnant les moyens violens, ils commencèrent contre les seigneurs et les propriétaires, une guerre juridique ; encouragés, ce semble, par certains jurisconsultes dont la science s'était mise au service de leur cause. « *Verum enim vero* » (Thèse de J. C. Bitsch, dans le t. 1 du *Codex juris alemannici* de Schilter), « *non defuerunt tamen colonis eorumque causidicis quæ regererent et quibus — — hoc attentatum defendere et quasi in jure bene fundatum propugnare fatagerent.* »

Les paysans auxquels les biens étaient loués sous les deux dénominations générales de « *Gültgütern* », (c'est-à-dire, biens loués moyennant une redevance périodique en argent, *gült, gelt, geld ;* division qui comprenait l'emphytéose), et de « *Lehngütern* », (c'est-à-dire, les différentes autres locations alors en usage, soit perpétuelles, soit temporaires et revocables), prétendirent avoir ajouté quelque chose au fonds lui-même. Ce quelque chose, couche de substance étendue au dessus du sol, mêlée au sol lui-même, produite par les engrais qu'ils avaient employés, par leur travail dans des terres auparavant stériles, c'était la partie la plus fertile, la seule véritablement utile du sol. Elle leur appartenait, disaient-ils, donc les biens étaient à eux ; ils pouvaient les vendre, les échanger, les engager, pourvu que le nouveau propriétaire s'engageàt à payer la rente due au propriétaire primitif; et encore souvent cette rente était refusée.

Ce droit qu'ils réclamaient, ils l'appelèrent « *Schauffelrecht* » du nom de l'instrument qui servait à le créer (*Schauffel*, pelle). Une ligue fut formée entre eux par toute la province pour faire valoir leurs prétentions. *« Nempe conventum ita inter colonos per totam provinciam »* (§ IV). Un mouvement semblable s'opérait dans les parties de la Souabe où la guerre avait autrefois commencé, notamment en Bavière. (V. 3 Édits, à la fin de la thèse.)

Cet état de choses avait de quoi émouvoir les propriétaires. Un premier édit, rendu par le magistrat de Strasbourg, le 11 juillet 1604, tout en reconnaissant en principe l'existence du *Schauffelrecht*, défendit aux fermiers sous les peines les plus sévères d'aliéner sans le consentement des propriétaires. Ces prescriptions furent insuffisantes, et les États provinciaux, réunis en diète, après avoir profondément déploré cet état de choses, *« de quo graviter conquesti, »* rendirent le 16 novembre 1652, un nouvel édit. Les mêmes défenses furent renouvelées, les contrats ainsi passés déclarés nuls, avec menaces des peines corporelles les plus sévères contre les contrevenants.

Nous ignorons comment finirent ces contestations, mais elles duraient encore entre les jurisconsultes en 1698, époque à laquelle J. C. Bitsch, parent et ami de Schilter, soutint à l'université de Strasbourg, la thèse où nous puisons ces détails. Il est probable qu'elles ne durent pas survivre de beaucoup à la réunion de l'Alsace à la France.

Après avoir raconté les faits, Bitsch donne la définition suivante du *Schauffelrecht*, qu'il cherche à assimiler au *jus emponematum* de Justinien : *«Schauffelrecht, Justinianus, græca voce* emponemata *appellat, quam* meliorationes *reddunt.* » (§ VI.) Et en note : *« Emponemata dicimus ea,* QUÆ LABORE CONTRAHENTIS IN AGRO MELIORATA SUNT. » On voit combien le sens du mot a changé en chemin ; puisqu'il est devenu, même pour Bitsch, le défenseur des édits, l'adversaire des paysans, je ne sais quoi d'impalpable qui se mêle au fonds, qui est le fonds lui-même. Aussi ajoute-t-il : *Itaque vocabula hæc :* « BESSE-

RUNG, SCHAUFFELRECHT, *non tantum denotant fructus perceptos* — — — SED
REM ET FUNDUM ATQUE PRÆDIUM IPSUM MELIORATUM.»

Parmi les variétés infinies du droit de superficie, ce véritable droit protée,
il n'en est certainement aucune qui soit plus curieuse que celle-ci. Nous re-
trouverons quelque chose d'analogue dans les *«droits réparatoires»* du domaine congéable.

15. Au moyen-âge le droit de superficie ne disparut pas : il semble même
avoir été d'un usage fréquent, si l'on en juge pas les écrits des glossateurs
et de ceux qui sont venus après eux, où il en est souvent fait mention. Au 16^e
siècle, Cujas, après avoir donné une définition de ce droit, ajoute : (s. la loi
73. De rei vind.) « *Quo genere contractus* HODIÈ UTUNTUR FREQUENTER.» Enfin
il arrive souvent dans les ventes immobilières des siècles passés que les vendeurs déclarent « aliéner le *fonds* et le *tréfonds,*» c'est-à-dire le terrain dans
toute sa profondeur; expression qui prouve que les contrats de superficie
étaient souvent usités.

Mais, pendant ce long espace de temps, la théorie romaine subit de graves
modifications; le droit changea à la fois de nature et d'objet. Au lieu de
s'appliquer uniquement aux édifices comme par le passé, il devint souvent une
espèce de bail à ferme qui attribuait au fermier, soit tous les produits du
fonds, soit seulement quelques uns de ces produits. D'un autre coté, une
propriété, d'abord imparfaite il est vrai, avait peu à peu remplacé le simple
«jus in re aliena» du droit romain.

La première de ces modifications s'explique à merveille. Le moyen-âge,
surtout dans les premiers siècles, ne fut pas un temps de prospérité pour les
villes, et d'ailleurs ce changement ne sort pas de la donnée originaire; il ne
fait que l'étendre, la compléter. Mais la seconde modification tient à des
causes complexes. Elle est le résultat du changement profond que fit subir
à la propriété l'invasion germanique et l'établissement de la féodalité. Nous
devons en dire quelques mots, car c'est de là que vient le caractère particu-

lier du droit de superficie tel que nous le connaissons aujourd'hui : d'être, non pas un simple droit réel, mais une pleine et entière propriété.

Dans les idées de ce temps, la propriété territoriale ne fut plus seulement composée du droit de jouir, d'user et d'abuser (« uti, frui, abuti »), elle comprit encore certaines obligations personnelles, certains droits que faute d'une meilleure expression il faut bien appeler droits de souveraineté. (V. M. Guizot. *Civilis. en F.* IIIe vol. 3e leçon.) Dès lors de nouvelles combinaisons furent possibles, que le droit antérieur ne connaissait pas. Ainsi, l'un put avoir tous les attributs anciens de la propriété, l'autre retenir les droits de souveraineté. Ces droits constituaient pour lui une jouissance actuelle, soit, par exemple, des produits de la censive, soit des services du fief, non pas une simple expectative comme la nue propriété; ils naissaient bien du droit même de propriété puisque c'étaient des droits réels, et que dans l'opinion de presque tous les jurisconsultes et selon une pratique constante, celui qui en était tenu pouvait s'en décharger par l'abandon du fonds. C'est cet état de choses qu'exprimaient les dénominations célèbres de *domaine direct* et *domaine utile.*

Les glossateurs qui imaginèrent cette distinction d'après le droit romain, l'appliquèrent d'abord à la revendication directe et à la revendication utile. (V. Ueber dom. dir. u. utile., dans les *Essais* de M. Thibaut, 2e vol.) Ils appelèrent *domaine direct* celui qui était protégé par la revendication directe, *domaine utile* celui qui n'avait que les actions utiles. Induits en erreur par un passage du digeste où l'emphytéote est appelé *dominus*, ils pensèrent que l'emphytéote, que le superficiaire, qui avaient les actions utiles, avaient aussi eu le domaine. Dès lors ils furent amenés à reconnaître deux espèces de domaine utile. Barthole, (s. la loi 16. D. De acquir. vel amitt. possess.), s'exprime ainsi : « *Quidam doctor Aurelianus dicit, quod unum solum est dominium. Sed duo sunt, et probo per L. possessor, in J. C. De fundo patr., ubi dicitur, quod emphyteuta est dominus, et tamen alius remanet dominus, scilicet concendens; et si duo sunt domini, diversa dominia sunt; quia non idem dominium potest esse apud duos. Item probo per L. 1. in f. De aq. et aq.*

pluv. arc. **D.** *ubi per usucapionem acquiritur utilis servitus ; eâdem ratione, sicut ponimus servitutem directam et utilem, eâdem ratione dominium directum et utile.* ———— *Quœro utrum utile dominium sit unicum vel plura?* **R.** PLURA ; UNUM QUOD OPPONITUR ET CONTRADICIT VERO DOMINIO, ET ILLUD UTILE QUOD QUÆRITUR EX PRÆSCRIPTIONE.» — On pourrait faire bien d'autres citations analogues.

Ainsi deux espèces de domaine utile d'après les glossateurs : 1° celui qui répond au « dominium bonitarium » des modernes ; pure distinction d'école, sans utilité pratique, et qui ne tarda pas à disparaître, même de la doctrine ; 2° celui qui s'oppose au domaine direct, le reconnait et le confirme. Cette dernière acception, qui exprimait à merveille la nouvelle organisation de la propriété, fut bientôt la seule usitée. Une définition de Baldus, célèbre dans l'école et souvent citée, énumère ainsi les différents cas de domaine utile : « *Baldus sex contractus enumerat in quibus dominium utile tantum in accipientem transfertur, directo penes concendentem reservato : nimirum ii sunt :* SUPERFICIARIUS, *locatio ad longum tempus, emphyteoticus, precarius, libellarius et feudalis.* »

Ces différents contrats étaient si bien l'expression d'une même chose avec quelques modalités accessoires, qu'ils ne tardèrent pas à se confondre les uns dans les autres. C'est ici qu'il faut admirer le beau désordre que l'art des jurisconsultes de ce temps avait introduit dans le droit. Salvaing, (cité par Merlin. Quest. du Dr., v° Rente foncière. § 14. n° 2.), s'exprime ainsi : « Quelque différence qu'il y ait entre le fief, le libellaire, l'emphytéose et le cens, l'usage les a confondus en communiquant les propriétés des uns aux autres. » D'un autre côté une sorte d'assimilation s'était introduite entre le domaine utile et la superficie, comme si le seigneur direct n'avait retenu que la propriété du tréfonds. Aussi rien de plus fréquent que de voir le seigneur direct, être appelé « *seigneur, propriétaire tréfoncier.* » Coquille, par exemple (C. Nivernais. Tit. 6. art. 2.), dit en parlant du détenteur bourdelier : « Le détenteur, seigneur utile, n'est que superficiaire. » Bitsch , (op. cit. § VI.) voit dans le *Schauffelrecht* le domaine utile de l'emphytéote. Dumoulin. (C.

Paris, gl. 4. n° 2. § 68.) « *Quando Galli volunt magis præcise significare dominum proprie et stricte directum, ad exclusionem eorum quibus aliud jus fundiarium debetur, utuntur superlativo* « TRÉFONCIER. »

Ainsi le superficiaire avait acquis le domaine, mais ce domaine n'était pas encore la propriété; c'était un domaine inférieur. « *Proprietas,* dit Baldus, (*Opus aureum sup. feud.* fol. 3. n° 24.) *est dominium superius, cujus inventio est de jure gentium; utile vero dominium est dominium inferius, quod subalternutur directo, ut in feudo et emphyteusi.* » Mais peu à peu les idées se modifièrent à cet égard. Pour Pothier la propriété est toute entière dans le domaine utile: « C'est, à l'égard des héritages, le domaine utile qui s'appelle droit de propriété » (Prop. n° 3.). Les lois de la révolution qui, en abolissant la féodalité, abolirent le domaine direct, ne firent donc que consacrer une révolution déjà accomplie.

De leur côté, pendant que le droit écrit, élevait ainsi insensiblement le droit de superficie au rang de pleine propriété, les coutumes avaient déjà posé la règle générale que devait adopter le code civil. La coutume de Paris, devenue droit commun du royaume dans l'obscurité et le silence des autres, portait dans son article 187: « Quiconque a le sol appelé l'étage du rez-de-chaussée, il peut et doit avoir le dessus et le dessous de son sol, et peut édifier par-dessus et par-dessous et y faire puits, aiséments et autres choses licites, *s'il n'y a titre au contraire.* » —

II.

DROIT FRANÇAIS.

DU DROIT DE SUPERFICIE

D'APRÈS LE DROIT FRANÇAIS.

I. Du droit de superficie proprement dit.

16. *Grandes variétés dans les formes de ce droit, tel qu'il existe aujourd'hui. Exemples :* Du bail a domaine congeable, *etc.*

17. *Droits et obligations du superficiaire.*

18. *Tout droit de superficie comprend un droit dans le sol lui-même.*

19. *Si la maison superficiaire est détruite par cas fortuit, le superficiaire pourra-t-il reconstruire ?*

20. *Droits qui restent au propriétaire foncier.*

21. *Comment s'établit le droit de superficie. — Des constructions de l'usufruitier, du fermier, de l'emphytéote.*

22. *Comment s'éteint le droit de superficie.*

33. *Comparaison et différences avec l'usufruit, l'usage, les servitudes.*

---

16. Toutes les fois qu'il y a exception à la règle «superficies solo cedit», toutes les fois que les accessoires forment par eux-mêmes un immeuble principal et indépendant, il y a droit de superficie.

Rien de plus varié que les formes sous lesquelles ce droit se présente aujourd'hui.

Tantôt intégral et parfait, détachant pour ainsi dire du sol toute la surface, les bâtiments, les plantes, pour ne laisser au propriétaire primitif que le tréfonds; tantôt s'exerçant seulement sur des édifices ou seulement sur des plantations, et dans ce cas, sur quelques-unes de ces plantations seulement; quelquefois ne donnant au superficiaire qu'une quote-part dans les produits du sol. Il se présente aussi sous la forme d'un partage qui laisse indivise la propriété du terrain même et en divise les produits, selon les espèces, entre les différents copropriétaires; d'autres fois il est périodique et ne peut s'exercer qu'à des époques déterminées.

Nous allons passer en revue quelques-unes de ces différentes transformations. Quelque différents entre eux qu'ils puissent être, ces droits ont tous en commun les mêmes caractères essentiels : la superficialité d'abord; ensuite d'être, non plus de simples droits réels exercés sur la chose d'autrui, mais de véritables propriétés (a. 553 C. civ.), et des propriétés immobilières (a. 664 C. civ.; a. 3 et 9, loi du 26 août 1791).

I. Droit de superficie intégral. — En théorie, il se conçoit très bien, mais on en trouverait sans doute fort peu d'exemples. Cependant on peut citer :

1° Le droit de pâturage sur les terres incultes (et autres analogues qui embrassent tous les produits du fonds), lorsqu'il est exercé, non à titre d'usage, — c'est-à-dire lorsque, par exemple, son mode d'exercice est calculé de manière à se trouver dans un certain rapport avec les besoins de l'usager, — mais lorsqu'il donne droit directement et sans restriction au produit du sol. Le droit de pâturage est dans ce cas une vraie propriété. (Edit de 1771, préamb.—Loi du 28 sept. 1781, art. 11.—Merlin, Q. de Dr., V° vaine pâture, §§ I et II. — Rej., 8 janv. 1825. Limoges, 26 mars 1836. Angers, 18 août 1848.)

2° Un droit de superficie intégral, mais non perpétuel, existe au profit du fermier qui a loué un terrain pour le couvrir de constructions. Ce contrat n'est pas sans exemple dans les grandes villes où les terrains de certains quartiers ont acquis une énorme valeur. Nous aurons à nous en occuper avec plus de détail.

3° *Le bail à domaine congéable* renferme, au profit du colon, une constitution de droit de superficie presque intégral, qui porte à la fois sur les édifices et sur les plantations.

Ce contrat si peu connu en dehors des parties de la France où il est pratiqué, est cependant bien digne d'attirer l'attention. Il a ses auteurs, sa jurisprudence à part, il soulève une foule de questions de droit pleines d'intérêt; enfin presque toutes les questions que peut présenter l'étude du droit de superficie, y sont ou résolues ou indiquées.

Ses caractères essentiels sont :

1° Louage de l'immeuble par le propriétaire (*foncier*) ou colon (*domanier*).

2° Vente des édifices et superfices au domanier.

3° Faculté pour le foncier de congédier le colon en lui remboursant le prix des édifices et superfices et les droits réparatoires.

La vente des édifices et superfices est une véritable vente à réméré de la superficie, c'est-à-dire faite sous la condition résolutoire, que le vendeur en remboursera la valeur à l'acheteur à l'époque du congément.

Elle comprend : les bâtiments, murs de clôture, bois puinais (c'est-à-dire ceux que l'art. 5 de l'ordonnance de 1669 énumère sous le nom de «*mort-bois*»), les arbres fruitiers, la maçonnerie des fontaines, etc.

Les droits réparatoires dont il est tenu compte au fermier lors du congément, rappellent notre *Schauffelrecht*. Ce sont les engrais, fossés, rigoles, tranchées ou canaux pour les cours d'eau, frais nécessaires pour l'amélioration des prairies; etc.

Par contre, le foncier conserve : les bois à merrain (c'est-à-dire tous les arbres de haute futaie propres à être mis en œuvre; les châtaigniers et les noyers sont considérés comme tels quand ils sont plantés en avenues, massifs ou bosquets), la propriété du fonds.

Ce contrat est admirablement combiné pour faciliter les défrichements;

aussi la Société d'agriculture consultée par l'Assemblée constituante, lors de la rédaction de la loi du 6 août 1791, qui règle encore aujourd'hui la matière, n'hésita-t-elle pas à manifester son vœu pour la propagation du bail à domaine congéable dans tous les lieux où il y a des terres à défricher; et ils sont en France beaucoup plus nombreux qu'on ne croit.

Ce contrat offre des avantages marqués sur le bail ordinaire :

1° Un simple bail à ferme exige de la part du propriétaire une surveillance continuelle; le bail à domaine congéable le débarrasse de cette surveillance, le décharge de toute réparation, lui procure une hypothèque assurée pour le paiement des fermages, enfin lui permet toujours de reprendre sa propriété en remboursant au colon les droits convenanciers et réparatoires.

2° Le fermier de son côté, qui est propriétaire pour partie, s'attache davantage à la chose; il jouit de la plus grande liberté pour l'exploitation de sa tenue, il peut changer les cultures, etc.; enfin, il est toujours sûr de se voir rembourser toutes les améliorations qu'il aura faites.

Il serait tout-à-fait hors de notre objet d'entrer dans les détails, nous n'avons à examiner dans ce contrat que ce qui tient à la superficialité.

1° Les édifices et superfices sont pour le domanier une propriété immobilière (art. 3 et 9, loi du 26 août 1791). Il peut donc les modifier à son gré, les vendre, les hypothèquer, sans le consentement du foncier; mais, bien entendu, avec la restriction : *resoluto jure dantis, resolvitur jus accipientis.*

Par exception, les édifices et superfices sont réputés meubles dans les rapports du foncier avec le domanier. Mais c'est là, disons nous, une exception, une faveur, accordée par la loi au foncier, afin de lui éviter les lenteurs et les embarras de la saisie immobilière, s'il est forcé de faire exproprier le colon pour non paiement des fermages, et en même temps de ne le soumettre, lors du rachat, qu'au droit de 2 pour 100. Aussi, si le fermier, agissant en dehors des stipulations du contrat, rachetait les édifices et superfices à une autre époque que celle fixée pour le congément, il serait traité comme simple acheteur d'immeubles, forcé de subir les hypothèques constituées par le colon et soumis au droit de 5 1/2 pour 100. (Aulanier, D. cong., n° 515 et s.).

2° L'estimation des droits superficiaires en congément se fait suivant leur *vraie valeur* à l'époque de l'estimation (a. 19). Le foncier n'a pas le choix de rembourser la plus value, si elle est moindre que le prix coûtant, ou le prix coûtant, s'il est moindre que la plus value. Si une maison, par exemple, avait coûté 1000 fr. à bâtir, et qu'elle n'augmentât le revenu de la tenue que de 50 fr., on ne l'estimerait pas 600 fr., mais 1000 fr. Il est clair que si l'immeuble avait perdu de sa valeur par vétusté, on réduirait alors sur le prix une somme proportionnelle. (Aulanier, n°ˢ 247 et suiv.)

3° Le domanier ne peut être congédié qu'il n'ait été remboursé (a. 21). A défaut de remboursement, il peut faire vendre aux enchères, en l'auditoire du tribunal, les édifices et superfices et même le fonds. Le foncier peut toujours se libérer en abandonnant le fonds (a. 23).

De même, le colon peut se libérer du paiement des redevances, en abandonnant les droits convenanciers (a. 26).

II. DROIT DE SUPERFICIE PARTIEL. — 1° « On voit encore assez fréquemment en pays de montagnes (dit Proudhon, Usuf., §§ 3720 et 3741), des droits de propriété superficiaire établis par des partages dans lesquels, sans s'occuper de la division du sol, on attribue exclusivement à l'un des frères le droit de couper perpétuellement le bois qui existe et qui pourra croître par la suite sur un terrain dépendant de la succession paternelle, tandis qu'on réserve à l'autre la vive pâture sur le même terrain. »

Quelquefois cet état de chose s'est transmis ainsi de temps immémorial; la Cour de cassation y a reconnu avec raison, tous les caractères de la propriété (Rej. 26 déc. 1833).

2° Proudhon cite encore comme exemple de superficie partielle, les concessions anciennement faites par beaucoup de communes à des particuliers, et qui consistent à établir des plantations d'arbres à fruits sur leurs terrains communaux, sous la condition que ces plantations seront perpétuellement la propriété des planteurs, tandis que de leur côté, les communes conserveront la propriété du sol et le droit de vive pâture. Un droit de ce genre ne saurait être un droit d'usage, puisque dans sa constitution on n'a tenu aucun compte des besoins de ceux auxquels il a été accordé, et que d'ailleurs ils le transmettent à leurs héritiers et peuvent l'aliéner (a. 630, 631, C. civ.).

Quelquefois au lieu d'être établi par une commune au profit de particuliers, ce droit est établi par des particuliers au profit d'une commune. Lalaure en rapporte un exemple dans son traité des servitudes (L. 2, ch. 2). — «Les habitants de St.-Hippolyte étaient dans l'usage et la possession de disposer au profit de la communauté des chênes, pommiers, poiriers et cerisiers sauvages étant dans les prés et autres héritages des particuliers, situés dans le finage du même lieu, etc. » Sur quoi Proudhon observe justement qu'il est évident à la vue de ce simple exposé, que c'est là non un droit d'usage, mais un droit de superficie (§ 3736). Et c'est ce qui fut reconnu par arrêt du parlement de Besançon du 1er décembre 1734, « qui garda et maintint la dite commune en la possession de son droit, » bien que cette possession ne fut pas fondée en titre, ni immémoriale.

Des droits pareils ont été quelquefois constitués de particulier à particulier. (Rej. 13 fév. 1834.)

3° Cest encore un droit de superficie partiel que celui qui est reconnu à des particuliers, de revendiquer dans les bois d'une commune certaines classes de produits ou certains genres d'arbres, par exemple les hautes futaies ou les chênes, qui croissent dans ces bois. « Il n'est pas extraordinaire, » dit Merlin (Repert. v° communaux. § VII.), « de voir simultanément une commune propriétaire d'un bois et un particulier *propriétaire* d'une partie des arbres croissants dans ces bois. » A l'appui de son opinion, il cite quatre arrêts de la cour de cassation, qui l'ont ainsi formellement reconnu; trois d'entre eux sont rendus contre des communes d'Alsace, Horbourg, Forschwihr et Heimsbrunn. Voici une partie des considérans du dernier, qui peut servir à donner une idée des autres. « Considérant que la commune de Heimsbrunn n'a pas prouvé avoir jamais joui des chênes dans la forêt contentieuse; qu'elle a au contraire formellement reconnu que les ci-devant seigneurs avaient la libre disposition de cette espèce d'arbres, que rien ne justifie que les ci-devant seigneurs aient disposé des chênes de la forêt *autrement que comme propriétaires* et à titre de servitude féodale; que lorsqu'il s'agit d'effets immobiliers surtout, la présomption est toujours que la jouissance a eu pour cause la propriété; que le droit de jouir et disposer des chênes ne saurait être considéré comme dérivant de la féodalité et qu'il n'est pas compris parmi les lois qui ont aboli le régime féodal; etc. Casse et annulle.»

4° Ce serait encore un droit de superficie partiel, que celui qui donnerait une quote-part dans les produits d'un fond à titre de propriété. Tel était quelquefois le droit de *tiers-denier* que l'état exerçait et exerce encore dans certaines forêts, en vertu duquel il prélève le tiers des coupes. (Merlin. Q. d. **Dr.** v° tiers-denier, § III, et Arrêt cassat. 26 juillet 1808.) — Tel est encore le droit de « *tiers et danger*,» (rapporté par Proudhon, § 3742), également exercé par l'état dans les forêts de Normandie, lorsqu'il n'est pas prouvé qu'elles aient été plantées à main d'homme.

5° Enfin, le droit de superficie est périodique, par exemple dans le droit de secondes herbes, lorsqu'il s'exerce à titre de propriété; (Rejet, 22 nov. 1841. En sens contraire, Colmar, 26 juin 1845);— ou bien, (d'après Proudhon), dans les parties de la France où se trouvent des étangs, destinés à y élever du poisson, et régulièrement vidés à des époques déterminées,—lorsqu'un tiers cultive pro suo le fonds d'un de ces étangs dont la propriété appartient à un autre.

On comprend qu'un droit aussi varié que celui dont nous venons de donner quelques exemples, se prête difficilement à une analyse rigoureuse dans tous les détails. Nous devons donc nous borner à établir de notre mieux les règles générales communes aux différentes espèces.

17. Droits et obligations du superficiaire. Le droit de superficie étant un droit de propriété, la superficie sur laquelle il s'exerce est un corps certain, un immeuble, distinct et séparé de tout autre. De là ces conséquences :

1° Le superficiaire a la disposition absolue de la chose; il peut la vendre, la donner, l'hypothéquer, etc. Il peut y établir un usufruit; l'art. 624. C. civ. nous présente un cas d'usufruit superficiaire.

2° La superficie peut se prescrire dans les mêmes cas et de la même manière que la propriété.

3° Le superficiaire en sa qualité de propriétaire acquiert les fruits par accession et non par la perception. De là il résulte : 1° que s'il négligeait de les enlever, le tréfoncier ne pourrait pas se les attribuer en prétendant qu'ils lui appartiennent à titre d'accession ; 2° que si le droit de superficie vient à finir au moment de la récolte, le superficiaire n'a pas perdu son droit sur les fruits non recueillis, pendants par branches et par racines, et qu'il peut toujours exiger qu'on lui tienne compte des frais de labour et d'ensemencement. (Arg. a. 585. C. civ.)

La manière dont le superficiaire recueille les fruits est caractéristique de son droit, et mérite de nous arrêter un instant :

Le propriétaire seul a un droit acquis sur les fruits même avant leur séparation du sol ; ce droit est immobilier (art. 518—520. C. civ.).

Suis-je, au contraire, acquéreur de fruits pendants ? — J'ai un droit acquis sur les fruits, puisque la vente transfère instantanément la propriété à l'acheteur dès qu'il y a consentement sur la chose et le prix (art. 1583. C. civ.),— mais ce droit est mobilier. (V. n° 18.)

Ai-je sur l'immeuble un droit réel qui me donne droit aux fruits, par exemple un usufruit, un usage ? — Je n'ai point de droit acquis sur les fruits, je n'ai que le droit de les recueillir ; aussi la règle est-elle que l'usufruitier acquiert les fruits naturels par la perception. Il a si peu droit aux fruits avant de les avoir perçus, que si l'usufruit vient à finir avant qu'il ait fait la récolte, il n'a acquis aucun droit sur eux ; il les perd irrémissiblement (art. 585).

Suis-je fermier ; possesseur de bonne foi ? — Je n'acquiers encore les fruits que par la perception, et au moment où je les cueille, ce sont des meubles.

Deux personnes seulement peuvent donc avoir un droit acquis et immobilier sur les fruits avant leur séparation du sol ; — le propriétaire, — le superficiaire.

Dira-t-on que celui qui a une servitude réelle de plantation d'arbres sur le terrain d'autrui, ayant un droit réel sur l'immeuble, a un droit immobilier sur les arbres qu'il a plantés ? — Mais ces arbres ne lui appartiennent pas ! S'il les coupe, le propriétaire du sol est en droit de les retenir, en lui offrant l'indemnité de l'art. 555. (Cassat., 11 juin 1859.) Il a pu être avantageux pour lui de planter ainsi des arbres pour se procurer de l'ombre, une avenue qui mène chez lui; pour donner une vue agréable à sa propriété, etc.; mais il n'a pu empêcher que le voisin ne les acquière par accession.

4° Le droit de chasse consiste dans la faculté d'acquérir par occupation les animaux sauvages, faculté qui appartient à tout le monde et qui n'est restreinte au profit du propriétaire que parceque nul autre que lui n'a le droit de passer sur son champ sans son consentement. Le superficiaire, pouvant disposer de la superficie, a évidemment en tout temps ce droit de passage ; on ne saurait donc lui refuser le droit de chasse.

Le fondement du droit de pêche est le même ; mais comme le superficiaire n'a d'ordinaire aucun droit sur les eaux qui couvrent le sol, il ne pourrait le réclamer. Il n'en serait pas de même, si, par exemple, le droit de superficie avait été constitué par un contrat de bail, parce que le droit de pêche est ordinairement compris dans le bail d'un fonds. (Daviel, *Cours d'eau*. tom. 2, n° 685.)

5° Ni le superficiaire, ni le tréfoncier ne peuvent demander le partage ; il n'y a pas entre eux indivision. Il en serait autrement, cependant : 1° lorsque le partage n'a eu lieu que selon la superficie et que le tréfonds est resté indivis ; 2° lorsque le droit de superficie est d'une quote-part dans les produits de l'immeuble. Alors en effet la propriété ne tombe pas sur un objet distinct et séparé ; elle n'existe que sur une part idéale dans la chose ; il y a donc indivision.

6° Le tréfoncier ne peut en aucun cas se prévaloir vis-à-vis du superficiaire de l'article 555, C. civ. pour retenir aux conditions de cet article, les arbres plantés et les édifices élevés sur le sol.

7° Le superficiaire, étant propriétaire, doit être soumis au paiement des contributions ; mais il est clair que si son droit n'est que partiel, il devra n'y contribuer que proportionnellement à la part dont il jouit.

18. Où commence le droit du superficiaire, où s'arrête le droit du tréfoncier? Le superficiaire a-t-il des droits sur le sol sur lequel s'appuie son immeuble ?

On comprend que les limites de chacune des propriétés soient difficiles à assigner. Point d'action en bornage possible, chaque immeuble n'existant que par le même sol. Sans le sol le droit du tréfoncier n'existerait pas, et sans le sol pour les appuyer, le superficiaire ne pourrait établir ni construction ni plantation. Il y a donc pour chaque propriété des points communs où elle se rencontrera avec l'autre et s'exercera simultanément avec elle, sans qu'on puisse comme dans la propriété ordinaire, tracer une limite où s'arrêtera le droit de chacun.

C'est ce que reconnaît Proudhon, (Usuf. § 3719). « Il faut remarquer, dit-il, que la superficie comprend elle-même deux choses constitutives de sa nature propre.

« Elle comprend d'abord la construction, qui est incorporée au fonds et les produits que la nature fait naître sur le sol, soit en fruits naturels, soit en fruits industriels.

« Elle comprend, en second lieu, *une participation au droit de propriété du sol même*, parce que c'est là qu'est le fondement sans lequel la superficie ne saurait exister réellement, ni même être conçue en idée : « Ædes ex duobus consistunt, ex solo et ex superficie (f. 23. De usuf. D.). »

Avant lui, Aug. Leyser, dans ses «*Meditationes ad Pandectas,*» (v. *Specimen* DIX.), avait fort bien établi ce point : « *Qui alteri in solo suo ædificare permittit, permittit ei sine dubio fodere, infigere, terram exegere, plantare, fundamentum ponere, atque adeo circa solum ipsum quid facere, ejusque formam mutare; quum sine istiusmodi mutatione ædificari nullo modo possit.* ERGO SUPERFICIARIUS JUS HABET IN IPSO SOLO, NON SALTEM IN ILLIS QUÆ SUPERS-TRUUNTUR. *Potest cellam sibi facere quae ad centrum terræ usque pertingeret*

eamque fornicibus firmare; posset, si hoc sibi commodum crederet, infra ter-
ram habitare. Fluunt haec ex indole negotii, neque unquam, quod credo,
pacto mutata fuerunt. Quis enim fando audivit, dominum dum jus superficiei
alteri concedit, dixisse : aedifica in solo meo, sed cave, quidquam praeter
supremam terrae faciem, attingas? (p. 736.)

Mais allons plus loin, supposons que le superficiaire n'ait aucun droit dans le sol. Qu'en résulterait-il ? — Son droit serait mobilier !

Toutes les fois que le propriétaire vend à un tiers les fruits encore pendants par branches et par racines, les blocs de pierre de sa carrière encore attenans au rocher, ses forêts sur pied, enfin toutes les choses que la loi déclare immeubles tant qu'elles sont incorporées au fonds, la vente est mobilière. C'est un point hors de doute. La vente même d'une maison destinée à être démolie, est mobilière (Bruxelles, 23 juin 1824). Cependant la propriété a été immédiatement transférée à l'acquéreur et ces objets sont des immeubles. D'où vient donc que la vente soit mobilière ? — C'est que le propiétaire n'a voulu transmettre aucun droit sur le fonds. Ce n'est pas une partie du fonds qu'il a vendu, c'est au contraire quelque chose qui doit en être détaché, qui doit être mobilisé ; son fonds reste intact entre ses mains. Si, au contraire, au lieu d'un droit témporaire il a transmis un droit perpétuel, un droit de superficie, il a transmis un droit immobilier, il a aliéné quelque chose du fonds lui-même, puisque sans le fonds ni plantations , ni maisons ne sauraient exister.

Posons donc en principe que tout droit de superficie donne un droit dans le sol.

19. Si la maison sur laquelle porte le droit de superficie est détruite par cas fortuit, le superficiaire pourra-t-il reconstruire ?

Avant tout, il faut ici comme toujours considérer la convention des parties. Si le tréfoncier n'avait vendu que le droit d'avoir une maison « tant qu'elle durerait, » par exemple, ce serait là une condition résolutoire dont l'accomplissement anéantirait rétroactivement la convention. Mais si aucune convention à cet égard, n'est intervenue?

Le superficiaire pourra rebâtir.

Par la constitution du droit de superficie, tout l'espace aérien a été aliéné perpétuellement à son profit. En effet, la vente d'une chose comprend ses accessoires et tout ce qui est nécessaire à l'usage de la chose (art. 1615 C. civ.); or a quoi pourrait servir l'achat de la superficie d'un terrain, pour y bâtir, si l'acquéreur n'avait pas la disposition de l'espace aérien? Il a de plus, nous venons de le voir un droit, (soit de mitoyenneté (art. 664. C. civ.) soit de propriété, il n'importe), qui lui permet toujours d'appuyer ses constructions dans le sol. Comment donc le tréfoncier pourrait-il s'opposer à la reconstruction ?

Cependant cette solution est contestée ; Proudhon qui admet les prémisses sur lesquelles elle s'appuie, repousse la conséquence, parce qu'elle est contraire au droit romain. (§ 3733.) Il ne semble pas s'appercevoir que la théorie du Code civil sur cette matière, est l'opposé de celle du droit romain.

Autre inconséquence. On n'a jamais prétendu réduire ainsi le superficiaire dont le droit s'exerce sur des plantations ; on lui accorde la faculté d'en établir de nouvelles, après que les premières ont été enlevées. Celui, par exemple, qui a la propriété des chênes croissants dans la forêt d'autrui, n'a pas épuisé son droit en l'exerçant une fois lors de la coupe de la forêt. Bien que les chênes sur lesquels portait son droit aient disparu, il pourra encore revendiquer les chênes de la prochaine coupe. Que serait-ce en effet que la vente d'un pareil droit, si ce droit devait disparaître après la première récolte? Une vente mobilière; une vente à terme de fruits. On admet donc sans difficulté que le droit de superficie, tant qu'il ne s'applique pas aux édifices, survit à la perte de la chose. Mais pourquoi cette différence entre deux cas semblables? C'est ce que l'on se garde bien de dire et ce qu'il est impossible d'appercevoir.

20. Le tréfoncier restant maitre de tout l'intérieur du sol doit avoir :

1° Tout ce que l'on peut tirer du sein de la terre sans que les lois en aient assujetti l'extraction à aucune disposition spéciale ; par exemple, les terres, pierres à bâtir, pierres à chaux, sables, marnes, etc.

2º Les mines, s'il en a obtenu la concession ; les tourbières s'il a obtenu la permission d'exploiter.

3º Le trésor. (Art. 716. C. civ.)

21. Le droit de superficie s'établit par toutes les conventions de nature à tranférer la propriété ; vente, échange, partage, etc.

Examinons maintenant la question de savoir dans quel cas celui qui a construit sur le terrain d'autrui sera réputé avoir agi *sans droit* et tombera sous le coup de l'article 555. En d'autres termes, la constitution de superficie ne se supposera-t-elle pas quelquefois ; devra-t-elle toujours être expresse ?

1º CONSTRUCTION DE L'USUFRUITIER. — L'usufruitier n'est pas tenu de rebâtir ce qui est tombé par vétusté ou ce qui a été détruit par cas fortuit. (Art. 607.) Il ne peut réclamer aucune indemnité pour la valeur des améliorations qu'il prétendrait avoir faites, encore que la valeur de la chose en fut augmentée (art. 599). Il ne peut modifier la nature du fonds en couvrant, par exemple, de constructions les terrains destinés à la culture.

On va donc jusqu'à lui refuser toute indemnité ; « *donasse videtur* » Telle était la théorie romaine et celle de l'ancienne jurisprudence. D'autres auteurs ont pensé, avec raison ce nous semble, que l'usufruitier ne saurait être plus mal traité qu'un constructeur de mauvaise foi.

2º CONSTRUCTIONS DU FERMIER. — Le fermier en général est aussi rangé parmi les constructeurs de mauvaise de foi ; il ne possédait pas en vertu d'un titre translatif de propriété, il savait par conséquent qu'il bâtissait sur le sol d'autrui.

Mais la jurisprudence dans une suite d'arrêts rendus dans les dix dernières années et tous parfaitement conformes, semble vouloir introduire une autre manière de voir.

1. Arrêt de Douai, 19 juillet 1844, qui décide : que les constructions élevées sur le terrain d'autrui par le fermier constituent de véritables im-

meubles jusqu'à leur démolition. Comme tels ils ne peuvent être revendiqués par les ayant droit contre les tiers auxquels ils ont été vendus sur la poursuite d'un créancier.

2. Cassation, 3 juillet 1844. De telles constructions sont des immeubles; en conséquence, la vente qu'en fait le fermier à un tiers auquel il cède son droit au bail, est une vente immobilière passible du droit de $5\frac{1}{2}$ pour 100, et non une vente mobilière passible du droit de 2 pour 100.

3. Cassation, 2 février 1842. Il en serait ainsi, à fortiori, si par une clause du bail, le propriétaire était tenu de prendre les constructions, à la fin du bail, au prix de l'estimation.

4. Il en serait encore ainsi, même s'il avait été stipulé que les constructions devront être enlevées aux frais et risques de l'adjudicataire. (Cassat., 26 août 1844.)

Ainsi : 1° Ou bien le bail ne contient aucune clause prévoyant le cas de constructions élevées par le fermier, alors le fermier à la fin du bail est traité comme un constructeur de mauvaise foi; mais pendant la durée du bail l'édifice est entre ses mains un immeuble qui lui appartient, dont il peut disposer, qu'il peut vendre, hypothéquer, céder avec son bail, si la faculté de céder son bail lui a été concédée.

2° Ou bien le bail, par une clause quelconque, a prévu les constructions du fermier sans s'y opposer; alors, *a fortiori* le même effet est produit. Dans ce cas, l'indemnité à la fin du bail ne sera pas réglée d'après l'article 555, mais d'après les stipulations du contrat. Si le contrat n'en contient point, que décider ? C'est ce que nous allons examiner.

1. Mais d'abord examinons si les constructions du fermier peuvent être pour lui tant que dure le bail d'un immeuble dont il a la libre disposition.

Et pourquoi n'en serait il pas ainsi? Cela ressort au contraire pour nous avec évidence des principes de notre droit sur l'accession.

Nous avons vu que l'accession en matière d'immeubles produit deux effets : 1° Immobiliser la chose incorporée, édifice, plante, etc.; 2° Attribuer ce nouvel immeuble au propriétaire du premier, du sol.

Le premier effet, immobilisation, a lieu instantanément au moment de l'incorporation ; il a toujours lieu. Quelle que soit la personne qui incorpore, qu'elle soit de bonne ou de mauvaise foi, il n'importe; du moment que l'édifice est bâti, que la plante est plantée, ils sont immeubles. Et la preuve, c'est que la loi déclare que d'autres objets, ceux qu'elle énumère dans l'article 524, ne sont immobilisés que lorsque *le propriétaire lui-même* les place dans le fonds ; d'où il faut nécessairement conclure que tout ce qui peut être immobilisé en dehors de l'article 524, peut l'être par tout le monde, propriétaire ou non.

Le second effet, attribution au propriétaire du sol, n'a pas lieu de plein droit. Sans doute, l'accession est un mode légal d'acquisition (art. 712), mais il faut, pour que cette acquisition ait lieu, quelque chose de plus que le fait matériel, — il faut la volonté déclarée du propriétaire. Tant qu'il n'a pas formellement déclaré qu'il entend conserver la construction élevée sur son terrain, l'acquisition n'a pas encore eu lieu à son profit. La preuve, c'est qu'il peut exiger que le bâtiment soit enlevé; il ne le pourrait pas évidemment si l'attribution avait eu lieu instantanément au moment de l'incorporation. (Il y a une exception, il est vrai, en faveur du constructeur de bonne foi, mais c'est une faveur de la loi ; la rédaction de l'article 555 le fait clairement voir.) En droit romain où l'accession avait lieu instantanément, le propriétaire ne pouvait pas demander la démolition; car c'était là le fondement même du droit d'accession, que le propriétaire revendiquant sa chose qui avait acquis des modalités différentes, (d'être bâtie, d'être plantée), était forcé de la reprendre avec ces modalités nouvelles ou de l'abandonner. — De même, on ne peut refuser au constructeur sur le terrain d'autrui le droit d'enlever ce qu'il y a incorporé : cette faculté est reconnue par la loi (art. 599, 2e al.). L'acquisition au profit du propriétaire n'a donc pas été instantanée puisque le constructeur n'a pas perdu la faculté de disposer !

Cela posé, et si, comme nous le croyons, ces principes sont incontestables, comment nier que le fermier qui a construit, ait à son entière disposition un véritable immeuble? A la vérité, le propriétaire peut s'opposer aux construc-

tions s'il les croit nuisibles à son intérêt et faire résilier le bail (art. 1729) ;
mais s'il se tait, son silence fera présumer un consentement tacite (a. 1728, 1°).
Avant la fin du bail, il ne pourra pas demander à exercer son droit d'accession,
conformément à l'article 555, parceque par le bail, il a promis au fermier de
le faire jouir de toute la chose, et que cette prétention y serait contraire. D'ailleurs, de quoi se plaindrait-il ; l'article 555 lui fait la part assez belle !

2. Si le fermier qui a construit sans l'assentiment du propriétaire peut être
traité comme constructeur de mauvaise foi, en ce sens, qu'il a construit
sciemment et *sans droit* sur le terrain d'autrui, il ne peut en être de même de
celui qui a expressément loué à l'effet de construire, ou lorsqu'une clause
quelconque du contrat fait voir que cette éventualité est entrée dans l'in-
tention des parties, comme si, par exemple, on avait réglé d'avance le
taux de l'estimation, d'après laquelle devrait se régler à la fin du bail l'indemnité pour les constructions. On ne peut plus dire alors, que le fermier
ait construit *sans droit* puisqu'il a acquis du propriétaire le droit d'avoir
comme siens et de posséder des édifices sur le terrain loué. On ne peut donc
appliquer l'article 555, si rien n'a été prévu dans le contrat, pour le réglement
des indemnités ; c'est ici un véritable droit de superficie temporaire constitué
au profit du preneur.

L'ancien droit admettait et pouvait admettre un droit de superficie constitué à temps et se résolvant de plein droit à l'échéance du terme. Doneau,
(lib. IX, ch. 16). «*Ei autem, qui superficiem emit,* — ETIAM SI CONVENERIT AD
CÉRTUM, *et id non modicum* TEMPUS, » etc. — (Ch. 18. in princ.) «*Si* AD CER-
TUM TEMPUS, *ut sit, superficies conducta,* VEL EMTA, *vel alio modo constituta
sit,* — — — *post tempus dominus, jure soli, recte superficiem sibi vindicabit,
ut pote quae non conventione sed jure ipso cedat solo; atque adeo quae domino soli jam ab initio sit quaesita.* » Mais aujourd'hui le droit de superficie
étant un droit de propriété, opère une division perpétuelle des héritages; une
vente à temps de la propriété est une monstruosité qui répugne aux principes
mêmes du droit.

Nous devons donc voir ici une sorte de vente à réméré de la superficie, et c'est d'après ces principes qu'il faudra régler l'indemnité. Le propriétaire foncier ne pourra donc pas, à son choix, rembourser ou le prix des matériaux et de la main d'œuvre, ou la plus value résultant des travaux si elle est moindre que le prix des matériaux et de la main d'œuvre ; il devra le prix des travaux qui ont augmenté la valeur du fonds, suivant leur vraie valeur au moment de l'expiration du bail, (a. 1673. c. civ.; a. 19, loi du 6 août 1791, combinés); et c'est le cas, croyons nous, l'espèce étant la même, d'appliquer ce que nous avons dit du rachat des édifices et superfices en congément.

De ce que nous venons de dire, il suit que, les hypothèques dont le propriétaire foncier aurait grevé l'immeuble après le bail, spécialement dans le cas où le bail contient une constitution expresse ou tacite de superficie, — ne devront pas s'étendre aux constructions du fermier.

3° *Constructions de l'emphytéote.* — Tout ce que nous venons de dire du fermier s'appliquerait à bien plus forte raison aux constructions de l'emphytéose, si l'emphytéose était encore aujourd'hui un contrat spécial ; mais c'est ce que nous ne saurions admettre. Développer cette opinion serait tout-à-fait en dehors de notre sujet, nous la rejetons donc parmi les propositions qui doivent trouver place à la suite de notre travail.

22. COMMENT S'ÉTEINT LE DROIT DE SUPERFICIE. — Tous les modes d'extinction de la propriété s'appliquent à la superficie. Nous avons cherché à démontrer que la ruine de la maison superficiaire n'enlevait pas plus au superficiaire la faculté de reconstruire, que la ruine d'une maison ordinaire n'enlève à son propriétaire cette faculté.

23. COMPARAISON ET DIFFÉRENCES DU DROIT DE SUPERFICIE AVEC L'USUFRUIT, L'USAGE, LES SERVITUDES. — Ces différents droits sont des choses incorporelles, des « *jura in re aliena* ; » la superficie est au contraire une chose corporelle, c'est une propriété.

1° *Différences avec l'usufruit.* 1. L'usufruit s'éteint par la mort de l'usufruitier, ou l'arrivée du terme fixé ; constitué au profit d'un être moral, il ne peut durer plus de trente ans, (a. 619). La superficie est perpétuelle.

2. L'usufruit constitué sur une maison, s'éteint si la maison vient à être détruite par cas fortuit ; l'usufruitier perd même la jouissance des matériaux (a. 624). Si l'édifice est détruit, le superficiaire peut rebâtir ; en aucun cas il ne perdra la propriété des matériaux.

3. L'usufruitier est tenu d'entretenir et réparer ; il doit donner une caution qui réponde de sa bonne gestion ; le superficiaire n'est tenu d'aucune de ces obligations.

2° *Différences avec les servitudes réelles.* 1. La servitude ne peut se séparer du fonds pour lequel elle a été constituée ; elle ne peut donc être ni louée ni vendue séparément.

De là il résulte que la servitude ne peut être hypothéquée, (a. 2118). La superficie au contraire peut être aliénée, hypothéquée.

2. La superficie peut s'acquérir par prescription ; les servitudes continues et apparentes sont seules prescriptibles.

3° *Différences avec les droits d'usage.* — Le droit d'usage peut être : ou une servitude personnelle, — c'est alors un usufruit restreint ; ou une servitude réelle, — et alors il faut lui appliquer ce que nous venons de dire de cette sorte de droits. Dans l'un et l'autre cas :

1. Si le titre n'a pas réglé l'exercice de l'usage, on le calculera d'après les besoins de l'usager (a. 629, 630.) Cette donnée ne peut jamais entrer pour rien dans l'établissement des droits du superficiaire ; c'est toujours un des éléments du droit d'usage, qu'il soit réglé ou non par le titre dans son exercice, (a. 70. c. for.) Remarquons que la défense de vendre, faite à l'usager, est si essentielle, qu'elle entraîne quelquefois contre lui, lorsqu'il l'enfreint, jusqu'à des peines correctionnelles (a. 83, c. for.)

2. Si l'usager négligeait une année d'exercer son droit, les fruits qu'il n'aurait pas recueillis appartiendraient par accession au propriétaire ; le tréfoncier au contraire qui se permettrait de s'attribuer les fruits de la superficie commettrait un véritable vol.

Supposons maintenant, qu'une commune ait droit aux produits d'un terrain inculte, mais où cependant poussent des herbes propres à la nourriture des bestiaux:

Ce droit est-il intégral, c'est-à-dire embrasse-t-il la totalité des produits ; comprend-il les droits de chasse et de pêche ; est-il aliénable, mais limité à un temps qui ne peut excéder trente années ? — C'est un droit d'usufruit.

Ce droit est-il intégral ; comprend-il les droits de chasse et de pêche ; est-il aliénable et perpétuel ? — C'est un droit de superficie.

Est-il intégral, mais incessible et ne renfermant pas le droit de chasse ni de pêche ? Est-il proportionné aux besoins des habitants ? — C'est un droit d'usage.

II. Des exceptions au principe que la propriété du sol emporte celle du dessus et du dessous.

1° DE LA PROPRIÉTÉ SUPERFICIAIRE.

24. Toute exception à la règle «*superficies solo cedit,*» suppose toujours plus ou moins une autre exception à la règle «que la propriété du sol emporte celle du dessus et du dessous.» Mais la réciproque n'est pas également vraie. Supposons, par exemple, que vous ayez un balcon en saillie sur mon sol; je ne puis, pour vous forcer à l'enlever, invoquer la règle «*omne quod inaedificatur solo cedit*»; cette règle au contraire vous protège. Car ce n'est pas dans mon sol que cette projection est inédifiée; le mur sur lequel elle s'appuie est celui de votre maison, laquelle repose sur votre sol. Il y a donc exception seulement à la maxime «que la propriété du sol emporte celle du dessus et du dessous.»

Ces exceptions se présentent à nous sous trois formes différentes :

1º Ou bien la surface du sol et l'espace au-dessus sont totalement séparés du fonds, coupé alors en deux grandes tranches horizontales. C'est le cas d'une concession de mine ; il se rapproche beaucoup du droit de superficie intégral.

2º Ou bien l'immeuble est divisé en un grand nombre de tranches horizontales qui appartiennent chacune à un propriétaire différent. C'est le cas de l'art. 664, C. civ., où les divers étages d'une maison appartiennent à différents propriétaires.

3º Enfin, un tiers peut avoir acquis dans l'immeuble seulement une portion quelconque de l'espace aérien, souterrain ou superficiaire. Il peut avoir une projection, un souterrain ou des ouvrages incorporés sur le fonds d'autrui.

25. Envisagés au point de vue qui nous occupe, ces droits rappellent naturellement l'idée d'une division par tranches, par étages. C'est de ce caractère que naît leur différence essentielle avec le droit de superficie, proprement dit. Celui-ci, comme nous nous sommes efforcés de le faire voir, a quelque chose de nécessairement illimité dans sa nature ; il est extensible, et toujours il donne un droit dans le sol. Il n'en est pas de même ici. Le droit est essentiellement limité, inextensible et lorsqu'il ne porte pas directement et principalement sur le sol, il n'y donne aucun droit.

Prenons pour exemple le propriétaire d'une maison superficiaire et celui qui, selon l'art. 553, a acquis une cave sous la maison de son voisin, soit par prescription soit autrement. Tous deux sont propriétaires, tous deux ont des droits dans le sol. Mais le premier pourra, s'il le veut, et en l'absence de toute convention contraire, agrandir la cave qui est sous sa maison, la creuser plus profondément, parceque son droit est par lui-même quelque chose d'indéterminé. Il ne consiste pas seulement à avoir *sa* maison, telle qu'il l'a d'abord bâtie sur le sol du tréfoncier, mais à avoir *une* maison, celle qu'il lui plaît. Le propriétaire de la cave au contraire, ne peut l'agrandir, parce qu'il n'a pas *une* cave, mais *sa* cave, telle qu'elle est et rien au-delà ; il n'a acquis dans l'immeuble de son voisin que l'espace qu'elle occupe; vouloir en occuper davantage serait une usurpation.

Quant à la maison divisée par étages entre propriétaires différents, Proud'hon, (Dom. privé. t. II. § 701.) établit une destination très-judicieuse, qui confirme tout-à-fait cette manière de voir. Il se demande ce qu'il faut décider à l'égard du sol et des caves, dont la loi ne parle pas. Seront-ils communs à tous ? — Il décide que dans le cas où un tiers, étranger d'abord au domaine de la maison, en aurait acquis un étage par portion divise, il n'aura droit ni au sol, ni aux caves. Son acquisition en effet n'a porté que sur l'étage, que sur la tranche de l'immeuble qu'il en a détaché, le reste, à défaut de conventions contraires ou d'indices qui les fassent supposer, continue à être régi par le principe général de l'article 552.

Le droit de superficie est donc plus étendu que les exceptions dont nous nous occupons.

26. DES MINES. — Plus que partout ailleurs nous avons dû ici nous borner uniquement à ce qui a trait à notre sujet : la superficialité.

1° *Droits et obligations du concessionnaire.* La concession opère la division des fonds en deux immeubles distincts et indépendants ; cette division a lieu, *même lorsque la concession est faite au propriétaire du sol.* (a. 19, de la loi du 21 avril 1810).

L'article 7 de cette même loi s'exprime ainsi : « La concession donne la propriété perpétuelle de la mine, laquelle est dès-lors disponible et transmissible comme tous les autres biens et dont on ne peut être exproprié que suivant les formes prescrites. » La mine est donc entre les mains du concessionnaire un immeuble particulier aliénable et transmissible, comme tout autre immeuble. Au moment de la concession il est entièrement dégagé des dettes et hypothèques qui grevaient auparavant l'ensemble du fonds. (a. 17). Mais il peut être hypothéqué séparément comme tout autre immeuble.

Les bâtiments, machines établies à demeure, outils servant à l'exploitation, sont accessoires immobiliers (art. 8.)

Cependant le droit du concessionnaire n'est pas aussi parfait que celui d'un propriétaire ordinaire. Il est soumis, dans l'intérêt général, à plusieurs restrictions :

1º Sous le rapport de la faculté de jouir : — il est soumis à toutes les investigations des ingénieurs et autres délégués de l'administration, qui ont le droit d'entrer dans la mine, d'en critiquer l'exploitation, de provoquer le changement du système suivi.

2º Sous le rapport du droit de disposition : —(a. 7.) « Une mine ne peut être vendue par lots ou partagée sans une autorisation du gouvernement. » Ajoutons qu'un décret récent a également défendu la réunion de plusieurs mines en une seule main, sans autorisation.

Enfin la propriété de la mine est grevée de plusieurs charges :

1º D'une rente indemnitaire au profit du superficiaire ;

2º D'une redevance fixe et d'une redevance proportionnée au produit de l'extraction, au profit de l'État. (art. 33 et décret impérial du 6 mai 1811.)

2. *Droits et obligations du superficiaire.* La mine avant la concession est bien la propriété du maître du fonds qui la recèle.

Il semblerait donc qu'il puisse demander par préférence la concession ; aussi la loi du 28 juillet 1791, portait-elle dans son article 3 : « que les propriétaires de la surface *auront toujours la préférence* et la liberté d'exploiter les mines qui pourront se trouver dans leurs fonds, et la permission ne pourra leur être refusée lorsqu'ils la demanderont. » La loi actuelle repousse ce système : (a. 16). «Le gouvernement est le seul juge des motifs ou considérations d'après lesquels la préférence doit être accordée aux diverses demandeurs en concession, *qu'ils soient propriétaires, inventeurs ou autres.* »

Cependant si la concession n'est pas faite au propriétaire du sol, il y a une véritable expropriation pour cause d'utilité publique, qui donne lieu à indemnité. Cette indemnité est une redevance, une rente foncière, qui frappe la mine au profit de la superficie (a. 19.) Le montant doit en être fixé par l'acte de concession et déterminé par une quotité à prendre sur le produit de la mine, soit en argent, soit en nature.

Cette rente est l'accessoire inséparable du sol ; elle est passible des hypothèques qui grèvent la superficie, (a. 18) ; par dérogation à l'a. 530, c. civ. elle est irrachetable.

De son côté le superficiaire est soumis à diverses obligations :

1° Défense à lui faite de pratiquer aucun creusage, aucune fouille, qui puisse nuire au propriétaire minier.

2° Il est soumis aux obligations de l'a. 682, c. civ., portant que celui dont le fonds est enclavé, peut réclamer un passage sur son voisin, moyennant indemnité. Le propriétaire de la mine peut donc établir sur le fond de surface tous les puits, machines d'extraction, chemins pour enlever le minerai, qui lui sont nécessaires.

27. DE LA MAISON DIVISÉE PAR ÉTAGES. — (a. 664, c. civ.) — Suivant ce que nous venons de dire cette division peut donner lieu, soit à des droits de superficie, au profit du propriétaire de chaque étage, soit seulement à des droits, que faute d'un autre terme plus précis, nous appellerons «superficiaires.»

De cette distinction découle la solution des questions controversées :

1° Le propriétaire d'un étage a-t-il droit aux caves et au sol ?

2° A-t-il la jouissance du grenier, et doit-il contribuer à l'entretien du plancher qui sépare le dernier étage des combles ?

3° Peut-il, s'il occupe le dernier étage de la maison, en faire bâtir un second au-dessus sans le consentement des propriétaires inférieurs ?

4° Si la maison vient à être détruite par cas fortuit, et qu'il ne voulût pas contribuer à la reconstruction, pourrait-il demander à sortir d'indivision soit par un partage en nature, soit par la licitation ?

A toutes ces quesions nous répondons *oui*, dans le premier cas, *non* dans le second.

Les gros murs, le toit, tous les accessoires communs, sont régis par les règles de la mitoyennité. (V. n° 33).

28. DE LA PROJECTION, DES OUVRAGES INCORPORÉS DANS LE SOL D'AUTRUI, DE LA PROPRIÉTÉ SOUTERRAINE. — En droit commun la propriété du sol emportant celle du dessus et du dessous , un tiers ne peut établir aucun ouvrage qui avance ou anticipe sur le sol, dans l'espace aérien au-dessus, dans l'espace souterrain au-dessous.

A moins cependant que ce droit ne doit exercé :

1. A titre de servitude ;

2. A titre de propriété (superficiaire).

Plusieurs différences distinguent ces deux droits :

1° «Une cave, un aqueduc, sont véritablement une partie du fonds,» dit Toullier. (t. III. § 469, bis) ; «je possède une partie du fonds, une chose corporelle en possédant un souterrain creusé sous le fonds d'autrui. Au contraire une servitude est par sa nature une chose incorporelle. C'est un démembrement du droit de propriété, mais non une partie du fonds : « *Servitus non est pars substantiae, sive fundi, sed accidens,* » disent fort bien tous les interprêtes. »

2° Ainsi la servitude ne donne pas le droit d'incorporer des constructions dans une portion quelconque de l'immeuble; d'y posséder *«pro suo»* un ouvrage quelconque. (V. n° 30). Le droit de servitude n'est que le droit d'user, dans certaines limites et sur certains points, de la chose d'autrui ; il ne donne la libre disposition d'aucune partie de cette chose.

3° Par contre, tant qu'une partie du fonds continuera à subsister, la servitude sera due ; le droit de propriété superficiaire disparaîtra avec la partie du fonds sur laquelle il s'exerce.

4° La servitude est essentiellement liée au fond , non à la personne ; c'est pour ainsi dire un droit qui appartient au fonds lui-même; il ne saurait donc en être détaché par aliénation ou autrement. Il n'en est pas de même pour la propriété superficiaire.

Le plus souvent sans doute, un pareil droit de propriété ne sera pas détaché du fonds dont il est un accessoire , mais il n'y a là aucune impossibilité juridique. Ainsi celui qui a la propriété d'un aqueduc dans le fonds d'autrui, pourrait très bien vendre son aqueduc à un voisin si la nature des lieux le permettait. Si au contraire il n'avait qu'une servitude d'aqueduc, c'est-à-dire le droit d'user d'un aqueduc appartenant à un autre, il n'en saurait plus être ainsi.

5° La servitude ne peut se prescrire que si elle est continue et apparente; la propriété superficiaire pourra toujours s'acquérir par prescription, pourvu que la chose soit dans le commerce et possédée d'une façon continue, paisible, publique et non précaire.

Toutes les fois donc qu'une personne aura possédé, pendant le nombre d'années requis pour prescrire, et au moyen d'ouvrages apparents à lui appartenants et propres à assurer la continuité et la publicité de sa possession, une partie quelconque de l'espace que comprend l'immeuble d'autrui, elle aura acquis un droit de propriété superficiaire.

Par exemple :

1° Celui qui bâtit une maison à la limite de son terrain ne peut placer dans son mur aucun balcon, aucune saillie sur l'espace aérien du voisin; son toit ne peut s'avancer en projection. Si cependant il possède ces ouvrages pendant le temps requis pour prescrire, il ne pourra plus être inquiété.

2° Il en serait de même si, comme on le voit souvent dans nos anciennes constructions, les divers étages de l'édifice avaient été avancés en projection l'un sur l'autre.

3° Celui qui possède deux héritages, séparés par un troisième qui ne lui appartient pas, ne pourrait, pour communiquer d'un de ses fonds à l'autre, établir un pont au-dessus de l'héritage intermédiaire. Si cependant ce pont a été établi et qu'il l'ait possédé pendant le temps nécessaire, cette possession fera présumer sa propriété.

C'est par la même raison qu'on ne peut établir un pont sans autorisation du gouvernement au-dessus des rivières qui font partie du domaine public. (Proudhon, Dom. privé. t. II. § 693.)

4° Si le propriétaire d'une maison possède au-dessus de la maison voisine une terrasse, un belveder; ou une chambre, un appartement dans le corps même de la maison, (Pardessus, Ser. t. I. § 7.);

5° Des canaux souterrains établis dans le fonds d'autrui, des aqueducs en maçonnerie destinés à amener les eaux ou à leur permettre de s'écouler; — ces différents ouvrages constituent au profit de celui qui les possède des droits de propriété dans les héritages qu'ils traversent.

Mais dans ce dernier cas, pour que la possession soit publique et puisse être utile s'il s'agit de prescrire, il est nécessaire que quelque signe apparent vienne la révéler aux yeux du propriétaire, soit par ce que l'on appelle des *« regards »* soit autrement. (Rej. 15 avr. 1830. — Rej. 9 déc. 1833. — Daviel, Cours d'eau. t. II. § 827. Pardessus, *l. cit.*)

6° La même observation s'applique à la prescription d'une cave ou d'un souterrain sous le terrain d'autrui. (Pothier, Presc. n° 57.)

29. Peut-on acquérir un des différents droits de propriété superficiaire dont nous nous occupons, sur les biens formant le domaine public de l'état, tels que ports, routes, canaux, etc? En général sur tous les biens qui tombent sous l'application de l'article 2226, C. civ. ?

Ces biens, il est vrai, sont hors du commerce, comme tels imprescriptibles. Cependant :

1° Cette imprescriptibilité est une exception, par conséquent doit être restreinte. C'est l'usage public qui soustrait au commerce les choses qui en sont affectées et dès lors, toute partie de ces choses qui ne sert pas à l'usage public, qui est superflue, doit rentrer dans le droit commun, dans le commerce, et pouvoir s'acquérir par prescription.

Ainsi une route est imprescriptible, parceque l'usage public auquel elle est destinée exige que rien ne puisse venir rétrécir sa largeur, y rendre le passage difficile ou impossible. Mais en quoi des conduits souterrains placés à une grande profondeur et servant à amener les eaux d'un particulier, une mine qui s'étendrait audessous, etc., pourraient-ils nuire à l'usage de cette route ?

Les rivières navigables et flottables sont d'un usage public analogue, et également hors du commerce, et cependant, comme nous venons de le voir (n° 28, 3°), l'état peut accorder à des particuliers le droit d'avoir un pont pardessus, et constituer ainsi à leur profit un véritable droit superficiaire, en aliénant une partie de l'espace aérien.

2° Tel était le sentiment des anciens auteurs. Bourjon, (T. II. p. 12 § IV.) s'exprime ainsi : «Nul ne peut par excavation anticiper ; — — — ce qui s'applique à la voie publique , encore plus qu'à tout autre terrain , et sous laquelle toute anticipation est présumée usurpation , *s'il n'y a titre ou possession qui la justifie,* par exemple l'élargissement de la rue. »

La jurisprudence moderne est allée plus loin encore en reconnaissant que l'on avait pu acquérir de véritables droits de superficie sur les biens du domaine public de l'état. — 1. Arrêt de Douai, 26 mars 1844, qui admet : que l'on a pu prescrire le droit aux herbes qui croissent sur les terrains militaires. 2. Arrêt de rejet, 5 juin 1839, qui décide : que le droit de recueillir le varech sur un rocher faisant partie des rivages de la mer, peut être l'objet d'une action possessoire ; que ce n'est pas là une violation du principe d'imprescriptibilité des rivages de la mer.

30. Le plus souvent, celui qui réclamera en justice un droit superficiaire quelconque , n'en rapportera aucun titre ; il n'invoquera qu'une possession de trente ans. Demandons-nous à quelle condition on devra admettre sa prétention.

Il existe , nous l'avons vu, une présomption de propriété en faveur de celui dans l'héritage duquel on prétend exercer un droit superficiaire ; cette présomption réside dans l'art. 552. Si elle n'était pas détruite par une preuve contraire , le demandeur évidemment ne pourrait plus réclamer qu'une servitude , et sa prétention serait rejetée si cette servitude n'était pas de nature à s'acquérir par prescription.

Comment donc le demandeur établira-t-il son droit ; quels actes de possession invoquera-t-il, véritablement caractéristiques de la propriété même ?

Sur cette question, il y a dans les auteurs anciens une unanimité bien remarquable, — tous, et avec eux la jurisprudence ancienne et moderne, — reconnaissent ce fait caractéristique dans *l'inédification.*

Dumoulin, dans une apostille célèbre sur l'art. 220, cout. de Blois, qui portait : « Vues et égoûts ne portent point de saisine à celui qui les a sur autrui, » — ajoute : « *Intellige de simplici stillicidio in aere, id est non quiescente in fundo vicini, sive pendeat supra fundum vicini, sive non pendeat; secùs de incorporato et inaedificato visibiliter, vel quiescente supra fundo vicini.* »

Coquille — (s. la cout. Nivernais, chap. 10, art. 2), reproduit énergiquement la même idée : «Si celui qui fait égoutter les eaux avait fait quelque structure expressément destinée pour les faire ainsi fluer, laquelle structure fut incorporée en l'héritage du voisin ou reposant et portant sur icelui, en tel cas, n'y a pas simple souffrance, *mais il y a œuvre destinée pour entreprendre sur autrui*, qui est acte de possession ou saisine. »

Ferrière — (s. l'art. 106, cout. Paris, gl. 1, n. 10), *Lataure*, (Serv., p. 170), se rangent au même avis : « La raison est que ce droit n'est pas considéré comme un droit de servitude, *mais comme un droit de propriété du fonds*, — et partant *il* se prescrit par 30 ans, comme tous autres droits de propriété par l'art. 118 (C. Paris). »

Dunod — (Des Prescript., p. 293), «L'on n'admet point de servitudes sans titre dans la coutume de Paris, et l'on ne peut les prescrire. — Il semble cependant qu'on doit excepter de cette règle les servitudes qui subsistent par les bâtiments et autres signes permanents et certains sur le fonds d'autrui, qui peuvent servir de titre *et être regardés comme une partie du fonds.* »

Bourjon — (Dr. comm., t. II, p. 4, § XIV), «Quoique les servitudes ne se puissent acquérir sans titre, néanmoins s'il y a incorporation, inédification dans l'héritage voisin, la possession de 30 années entre âgés et non privilégiés vaut titre ; c'est exception à la règle, fondée sur ce que, dans ce cas, *c'est plutôt propriété que servitude.* Et de là il s'ensuit que celui qui a joui pendant 30 années d'une cave sous le terrain de son voisin, a acquis la prescription de cette cave. C'est la première conséquence de la proposition, je la trouve incontestable; c'est vraie propriété.» — A l'appui, il cite plusieurs arréts rapportés par Bouguier et par Brodeau, et il ajoute : « et je l'ai entendu juger ainsi au Châtelet. »

« De même, celui qui aurait eu pendant ce temps, l'écoulement des eaux de sa maison, sous le terrain de son voisin, par le moyen d'un égoût voûté et édifié sous ce terrain, en aurait acquis la prescription. —— On peut diviser le dessous et le dessus du sol, division qui est propriété et non servitude. Tel est l'usage du Châtelet. —— Quant à la prise d'eau, elle peut s'acquérir par la possession suivant l'arrêt rapporté par Basset, —— mais cela ne peut être admis qu'autant que la prise d'eau emporterait une propriété ; —— marquée par édification. »

On peut voir encore dans le même sens, dans Toullier (t. IV, § 468 bis), et dans M. Pardessus (Serv. n. 7, notes), d'autres arrêts et d'autres auteurs.

C'était donc là un point de droit inattaquable sous l'ancienne législation. En est-il de même aujourd'hui ?

Voici l'objection que nous prévoyons.

Ce raisonnement peut être excellent, appliqué à l'ancien droit ; le Code civil le repousse. L'art. 697, qui est formel, s'exprime ainsi : « Celui auquel est due une servitude, *a droit de faire tous les ouvrages* nécessaires pour en user et pour les conserver. » Ainsi a-t-il le droit de passage et le fonds servant est-il marécageux ? — Il peut faire paver le chemin. Et cela est bien évident, car, qui veut la fin veut les moyens ; c'est là le sens de notre article. Or, s'il a le droit *« de faire des ouvrages »* dans le fonds d'autrui, sa position est exactement celle de celui qui se prétend propriétaire, parce qu'il a inédifié dans le fonds voisin ; en quoi donc un pareil fait d'inédification pourrait-il établir un droit de propriété ?

Nous répondons :

1° Cette explication de l'art. 697 est une erreur ; il faut, pour en déterminer le sens, rapprocher ses dispositions de celles de l'art. 702, qui se trouve dans la même section et qui est ainsi conçu : « Celui qui a un droit de servitude ne peut en user que suivant son titre ,*sans pouvoir faire ni dans le fonds qui doit la servitude , ni dans le fonds à qui elle est due, de chan-*

gement qui aggrave la condition du premier. » Or, agir comme on le suppose, disposer en maître du fonds servant, y incorporer des ouvrages, n'est-ce pas aggraver l'exercice de la servitude?

L'art. 697 veut dire simplement, que le propriétaire du fonds servant ne pouvant être tenu de réparer sa chose, de la mettre en état d'être propre à l'exercice de la servitude, s'il s'y refuse, ce sera au propriétaire du fonds dominant à le faire; cet article ne peut vouloir dire autre chose.

2° Il est vrai qu'il y est question « *d'ouvrages* » à faire sur le fonds servant, ce qui semble impliquer inédification; mais ce mot même s'explique fort bien; si la servitude est, par exemple, de prendre de l'eau à un puits et que le puits tombe en ruine de manière à rendre impossible l'exercice de la servitude, celui auquel elle est due pourra réparer le puits; il lui sera permis de faire tous les *ouvrages* à ce nécessaires. Mais remarquons qu'il ne fera que remettre les choses en état. En un mot, le droit que confère l'art. 697, est de *tenir les choses en bon état de réparation*, si le propriétaire s'y refuse; il ne contient aucun droit *d'innovation*.

3° Enfin, si la servitude donnait, comme on le prétend, le droit d'inédification, n'est-il pas évident que celui qui aurait possédé pendant trente ans ces inédifications dans le sol d'autrui aurait fini par en devenir propriétaire? Le texte de l'art. 553 est formel sur ce point.

2° DE LA MITOYENNETÉ SUPERFICIAIRE.

31. Nous venons de voir que l'inédification est un signe caractéristique auquel on peut toujours reconnaitre la propriété de la servitude, parce que celui qui possède des ouvrages incorporés dans le fonds d'autrui a réellement la saisine d'une partie de cet héritage.

L'hypothèse serait plus embarrassante cependant, si la possession de celui qui a inédifié, n'avait pas été exclusive de celle du propriétaire du fonds. Il semblerait que dans ce cas, le propriétaire n'ayant pas été actuellement dépossédé, sa jouissance de la chose ayant continué, la prescription n'ait pu donner un droit de propriété, mais seulement une servitude.

Mais ici encore les auteurs voient dans l'inédification un caractère de propriété. (Toullier; Pardessus; *l. cit.* Daviel, *Cours d'eau*, t. II, p. 560.) Seulement la propriété n'est pas exclusive; c'est une copropriété. La copropriété peut s'acquérir par prescription, comme la propriété ordinaire : *«Pars pro indiviso,»* dit Cujas, — — *«quae possideri procul dubio et usucapi potest.»* (*Comment. ad l. Pomp. De rei vind. D.*)

La jurisprudence a consacré la même décision:

1° Un arrêt célèbre de la cour de cassation du 22 octobre 1811, a décidé que celui qui pendant trente ans, a usé de fosses d'aisances établies sous la maison de son voisin, et ce, au moyen de tuyaux inédifiés dans la maison voisine, ne peut plus être troublé dans sa possession ; que c'est là un droit de propriété prescriptible et non un droit de servitude qui serait imprescriptible.

2° Arrêt de Colmar, 25 fév. 1840, qui décide : que le fait d'avoir possédé pendant trente ans, des travaux d'inédification dans un canal dont la propriété est à un tiers, par exemple, d'avoir élargi le lit de ce canal en bassin, de l'avoir garni d'un seuil, d'y avoir fixé des madriers et des chevalets destinés au lavage des cuirs à l'eau courante, — constitue au profit de celui qui a fait les constructions un droit de copropriété prescriptible sur le canal. (Journal de C. Vol. 1840, p. 51.)

Aux exemples que nous venons de citer on peut en ajouter d'autres qui renferment les mêmes caractères de copropriété et de superficialité ; par exemple, la communauté d'un puits, d'une cour, d'une allée ou d'un vestibule, etc. (Toullier ; Pardessus ; l. cit. Troplong. Vente. T. II. § 861.)

32. Il ne nous reste plus pour finir le travail que nous avons entrepris, qu'à examiner l'espèce et la nature de cette copropriété. La solution de cette question n'intéresse pas seulement la théorie, puisque c'est d'après cette solution qu'il faudra régler les rapports des copropriétaires entre-eux et leurs droits sur la chose.

Nos lois ne reconnaissent que deux espèces de copropriété : 1° Communion ou copropriété ordinaire ; 2° Mitoyenneté.

Une troisième espèce de copropriété avait pourtant été imaginée par quelques commentateurs de la fin du 17ᵉ siècle, pour expliquer certaines communions anomales particulières au droit germanique, (« *Ganerbschaften, Burgfrieden, Markgenossenschaften*).» Adoptée, presque avec enthousiasme, par tous les auteurs du 18ᵉ siècle, cette hypothèse de Bynkershoëk et de quelques autres, avait acquis force de loi et peu à peu envahi tout le droit civil. Se présentait-il une disposition quelque peu en dehors du droit commun, immédiatement on l'expliquait par la « *coproprietas juris-germanici* » ; c'est ainsi qu'on l'appelait. Lorsque le Code civil fut introduit en Allemagne, on crut en retrouver quelques vestiges dans ses dispositions sur les successions; **M.** Zachariæ lui-même admit cette idée, bien qu'avec réserve (t. **I**, p. 196). On supposait qu'une espèce particulière de propriété (« *Gewehre* »), avait été introduite par les Germains lors de l'invasion. Cette propriété était de telle sorte qu'elle permettait à plusieurs d'être propriétaires en même temps de la même chose toute entière; on l'appelait alors « *coproprietas juris germanici; coproprietas in solidum; Gesammteigenthum.*» Il demeure bien constant aujourd'hui, grâce à des recherches historiques plus approfondies, que le droit germanique, pas plus qu'aucun autre droit, n'a jamais connu un état de choses que Paul appelle avec raison, une absurdité contre nature. (*D. f.* 3, §5. *De acq. vel. amm. poss.*) Aussi cette théorie est-elle aujourd'hui généralement abandonnée et les auteurs qui l'avaient admise se sont-ils empressés de se retracter. (V. Duncker, Gesammteigenthum, Marburg, 1843.)

Nous n'avons donc à choisir qu'entre la mitoyenneté et la communion; voyons en quoi diffèrent ces deux droits.

33. En règle générale: 1° un copropriétaire ne peut faire aucun changement, ni innovation, sur la chose commune, quand même cette innovation serait avantageuse à la communauté. 2° Chaque copropriétaire peut toujours demander le partage de l'immeuble, ou si le partage est impossible, la licitation.

La mitoyenneté, au contraire, est essentiellement impartageable, (art. 656, C. civ.); elle donne à chacun des copropriétaires, un droit d'innovation et même de disposition fort étendu, (art. 657, 658), qu'il peut exercer même contre le gré de l'autre. (art. 662.)

Les auteurs qui ont écrit sur le droit coutumier, d'où nous est venue la mitoyenneté, littéralement pour ainsi dire, ne se sont pas préoccupés de ces différences; il semblent même ne pas les avoir apperçues. Pothier lui-même, prétend: «que la communauté du mur mitoyen, forme entre ceux auxquels il est commun, les mêmes obligations que fait naître la communauté des autres choses. » (C. de Société, § 219.) Il est pourtant facile de toucher à la main, pour ainsi dire , les différences notables qui séparaient alors , et qui séparent encore aujourd'hui, ces deux espèces de copropriété. Il suffit de comparer avec les textes des coutumes ou du Code civil, les textes assez nombreux au Digeste, qui traitent du mur commun,—(Javol. f. 4. De serv. leg. —Gaius, f. 8. De serv. pr. urb.— f. 19 , Paul Ibid. — Proc. f. 13. Ibid.—Pomp. f. 25, § 1. Ib.— Paul, f. 40. Ib. — Ulp., f. 12. Comm. div.— Pomp., f. 22. Ib. —Paul, f. 4, § 10. Fin. reg. —), et qui sont tous conçus selon les principes de la copropriété ordinaire.

Car si le droit romain n'a pas connu la mitoyenneté , ce n'est certes pas comme on le trouve partout, (V. ent. autres M. Maleville, S. l'art. 693.) parce-que les maisons n'étant pas contigues comme dans nos villes , mais isolées au contraire , d'où leur était venu le nom *« d'insulae ,»* il ne pouvait y avoir de mur commun. La plupart des héritages urbains étaient séparés par des murs communs ; c'est Paul qui le dit : *« Neque enim confines hi,* (*domini praediorum urbanorum*) *sed magis vicini dicuntur,* ET EA COMMUNIBUS PARIETIBUS PLERUM-QUE DISTERMINANTUR, » (f. 4. § 10. Fin. reg. D.)

A tous ces murs communs le droit romain applique sans merci le droit commun. Ainsi le partage , au moyen de la licitation, pouvait toujours être demandé, même lorsque chacun des copropriétaires appuyait des constructions sur le mur,—cas auquel le droit français ne permet pas même l'abandon pur et simple ! (D. Javol. f. 4. Serv. leg.—Cujas , sur cette loi.) Vitruve (liv. 2, chap. 2), nous a conservé les règles, d'après lesquelles en cas de licitation, se faisait l'estimation du mur commun.

De même , aucun des copropriétaires ne pouvait apporter le plus léger changement à la chose , sans le consentement de l'autre, « un pareil acte », dit Marcellus, (f. 11, si serv. vind.), «supposant nécessairement qu'il empiète sur le droit des autres et qu'il dispose en maître unique de ce qui est commun» . Il ne pouvait appuyer contre le mur commun aucune construction , y faire placer aucune poutre, (Paul, f. 19. D. serv. pr. urb.); à plus forte raison ne pouvait-il pas l'exhausser. Si le mur avait besoin d'être reconstruit ou réparé , et que l'un des copropriétaires s'y refusât, il fallait recourir à la licitation. (Gaius, f. 8. serv., præd. urb. —Ulp. f. 12. Comm. div. D.)

Il est donc certain, que la mitoyenneté n'est pas une copropriété ordinaire, puisqu'elle est inconnue au droit romain, d'où nous tirons toutes les dispositions qui régissent la copropriété ; et que non-seulement elle y est inconnue, mais qu'elle y est impossible : *« quia »* dit Marcellus, *« ille qui* FACERE *conatur »* (*in re communi*), *« quodammodo sibi alienum quoque jus praeripit. »* — *« Quia vicimus »* dit Gaius, *« non solus dominus est »* (f. 8. serv. præd. urb.) Et cependant la mitoyenneté permet au copropriétaire, qui n'a qu'une part dans l'immeuble, de faire ces actes qui supposent une propriété entière ; elle consacre cet envahissement réciproque du droit de l'une sur le droit de l'autre.

34. On a pourtant essayé de ramener la mitoyenneté au droit commun, au moyen de la théorie des *« servitudes réciproques. »* Nous devons dire quelques mots de cette théorie, parce qu'elle a été spécialement inventée pour les hypothèses, dont nous nous occupons : allée et vestibule communs, murs communs, etc. (V. M. Troplong. Vente l. cit; Cassat. 21 août 1832 ; Colmar, 23 août 1831.)

Voici comment M. Pardessus l'expose, (Serv. t. 1, § 190.). Après avoir établi que les murs, haies et fossés ne sont pas les seuls objets en faveur desquels le principe de l'art. 815, Code civ., soit restreint, mais « que la même indivision s'étend à tous les objets, que la nécessité de leur usage concurrent entre les propriétaires de certains fonds, force, pour l'intérêt de ces héritages, à conserver indivis, tels que les cours, allées, sentiers, fosses d'aisances, canaux d'irrigation, etc.; » — il ajoute : « On pourrait dire en raisonnant avec quelque subtilité, qu'indépendamment de la propriété de sa part indivise, chacun des copropriétaires a encore sur celle des autres *une servitude qui lui permet d'y faire tout ce qu'il fait sur la sienne propre.* Lors même qu'un partage déterminerait les parts respectives, chacun ne recevrait la délivrance de la sienne, qu'avec la charge de cette servitude envers les autres; et alors un partage ne serait d'aucune utilité ; il ne ferait pas cesser l'usage commun. » Comme exemple de cette théorie, M. Pardessus cite le cas où quatre frères s'étant partagé les vignes paternelles, décident qu'un pressoir restera en communauté pour l'exploitation de ces vignes.

Proudhon expose la même théorie, (Dom. privé, t. II, § 532 et 534), à pro-

pos d'un passage de Scevola rapporté au Digeste, (f. 10, si serv. vind.) Voici
d'abord l'hypothèse du jurisconsulte romain : « *Plures ex municipibus, qui
diversa prædia possidebant, saltum communem, ut jus compascendi haberent,
mercati sunt; idque etiam a successoribus est observatum. Sed nonnulli ex his,
qui hoc jus habebant, praedia sua illa propria venum dederunt. Quaero, an
venditione etiam jus illud secutum sit praedia*, CUM EJUS VOLUNTATIS VENDITORES
FUERINT, UT ET HOC ALIENARENT? *Respondit*, ID OBSERVANDUM QUOD ACTUM INTER
CONTRAHENTES ESSET. *Sed si voluntas contrahentium manifesta non est, et hoc
jus ad emptores transire.* »

Ce que Proudhon explique ainsi : « Dans le cas qui nous occupe, les propriétaires primitifs qui ont acquis le fonds destiné au parcours de leurs trou-
peaux, le possèdent et en jouissent, *ut singuli*, sous deux points de vue différents :

« Chacun d'eux exerce le pâturage de ses bestiaux, et en jouit comme d'une
servitude qui s'étend sur les portions indivises des autres et qui est activement
inhérente aux terres des métairies, pour l'exploitation desquelles l'acquisition
a été faite.

« Chacun d'eux en jouit aussi en qualité de copropriétaire par indivis du
fonds qui, sous l'un et l'autre rapport, doit être considéré comme accessoire
de l'ensemble des métairies. »

Avant tout nous devons faire remarquer, que dans cette dernière espèce,
il ne saurait évidemment être question de servitude. Le texte en effet prévoit
le cas où les vendeurs, tout en cédant l'immeuble principal, se seraient réservé
leur droit dans le pâturage commun. Or une servitude ne peut-être séparée
du fonds auquel elle est due. (D. Si serv. sindic. f. 2. § 1. Ulp.)

Du reste, il est impossible de ne pas reconnaître, dans cette théorie, une
hypothèse brillante et ingénieuse, qui rend fort bien compte des anomalies
théoriques que présente la mitoyenneté; — mais malgré l'autorité des jurisconsultes éminens qui l'ont fait prévaloir, malgré les arrêts qui l'ont con-
sacrée, il faut bien avouer aussi qu'elle est contraire à tous les principes.

Constatons d'abord que si nos lois ont quelquefois employé l'expression bi-
zarre de « *servitude réciproque* », c'est dans un sens complètement différent

de celui qui lui est attribué ici. (V. Loi du 6 octob. 1791, sur la police rurale, art. 2.)

Maintenant qu'est-ce que cette servitude, «qui permet à l'un des copro-priétaires de faire sur la part idéale des autres copropriétaires tout ce qu'il fait sur la sienne propre? » Parmi les nombreuses servitudes qu'énumèrent le Digeste et le Code civil, celle-là a été oubliée; et il faut convenir qu'une servitude qui donne le droit de disposer du fonds servant, ressemble singulièrement à un droit de propriété.

Une pareille servitude n'est d'ailleurs guère possible en droit coutumier, d'où la mitoyenneté nous vient.—Art. 215, de la coutume de Paris : «Quand un père de famille met hors ses mains partie de sa maison, il doit spécialement déclarer quelle servitude il retient sur l'héritage qu'il met hors ses mains, ou quelle il constitue sur le sien ; *et les faut nommément et spécialement déclarer tant pour l'endroit, mesure, qu'espèce de servitude.* Autrement toutes constitutions générales de servitudes ne valent. » Que devenaient alors les servitudes réciproques au cas d'achat de la mitoyenneté, (art. 661, C. civ.; 198, C. Par.), où on ne fit jamais parcilles stipulations ?

Mais admettons que cette servitude existe et soit possible ; une nouvelle question se présente. Peut-on acquérir ou constituer une servitude sur la part idéale qu'on a dans l'immeuble commun ? Voici ce que répondent Paul, Ulpien et Modestin :

Paul;—1re raison, tirée de la confusion : «*In re communi nemo dominorum,* JURE SERVITUTIS, *facere quidquam invito altero non potest ; nulli enim res suo servit.*» (D. f. 26, De serv. præd. urb.) — 2me raison, tirée de la nature des servitudes : «*Ab initio per partes servitus acquiri,* NON *poterit.*» (f. 8. § 1. De serv.)

Ulpien : « *Unus ex dominis communium aedium servitutem imponere* NON *potest.* » (De serv. f. 2). — « *Quaero,* » ajoute Cujas, « *an acquirere possit? et constat non posse.* »

Modestin : « *Pro parte dominii servitutem acquiri* NON *posse,* VULGO TRADITUR* » (D. De Serv. f. 11).

Enfin *Cujas :* « *In principio nos statuere oportet regulam illam quae vulgo*

jactatur, et extat locis inumeralibus juris nostri: AB INITIO, PARTE FUNDI INDI-
VISA, SERVITUTEM LEGARI, VEL IN STIPULATUM DEDUCI, DARI, CEDI, PRÆSTARI, CONSTI-
TUI, IMPONI, ADQUIRI, VEL REMITTI, AUT ADIMI, NON POSSE. » (S. la l. 3. De serv.
leg.) Il est difficile d'être plus formel.

Et cela est parfaitement conforme aux principes et à la raison, car toute
servitude réelle supposant un corps certain sur lequel elle porte, nul ne peut
prétendre exercer une servitude sur la part idéale et indivise de l'un des com-
munistes; cette part n'est pas un corps certain.

Nous avons dû nous étendre un peu dans notre examen de cette théorie,
parceque, outre qu'elle a été plus spécialement imaginée pour expliquer les
espèces que nous étudions, elle rendrait, si on l'adoptait à la lettre, la prescription de la mitoyenneté impossible. Une servitude de faire telle ou telle
chose, est en effet une servitude discontinue imprescriptible.

35. Si maintenant nous appliquons ce que nous venons de dire aux espèces que nous cherchons à analyser, il est impossible que nous ne reconnais-
sions pas dans ces espèces, tous les caractères de la mitoyenneté.

1. Parce qu'il y a indivision forcée. En effet : 1º Le partage rendrait les
objets communs inhabiles à remplir leur destination. Partagez un cours d'eau
commun à plusieurs usines, les usines ne pourront plus marcher; licitez-le,
vous privez complètement quelques-uns des copropriétaires du droit qu'ils ont
voulu acquérir. Il en serait de même pour une allée commune, etc. Cette indivision forcée est tellement dans la nature des choses que le droit romain,
lui-même, si absolu cependant en cette matière, l'admettait. (D. f. 19, § 1.
Comm. divid.)—2º Ces objets procurent plus d'avantages aux copropriétaires
par leur indivision que n'en pourrait procurer un partage. « Il est inouï, »
dit Toullier, (t. III. p. 334.) «dans la jurisprudence française, que l'on ait forcé
à partager ou à liciter ces objets, lorsque les copropriétaires les ont laissés
indivis pour l'usage commun des biens qui leur sont échus en partage. »

2. Parceque chacun a voulu avoir l'usage plus étendu que comporte la
mitoyenneté; le propriétaire qui a cédé une partie de son droit de propriété
à condition de ne rien perdre des avantages dont il jouissait; l'acquéreur,
(par prescription ou autrement,) qui a voulu avoir tous les avantages que la

chose peut donner. Nous nous garderons donc bien d'appliquer ici, avec Toullier, les lois de la communauté ordinaire, entre autres : ff. 28. Dig. Comm. divid.

36. Mais, dira-t-on peut-être, cette extension donnée à la mitoyenneté est impossible; on ne saurait l'admettre !

En effet, la loi n'ayant donné ni principes généraux sur la mitoyenneté, ni définition de ce droit, on en a conclu que c'était un cas tout spécial, ne s'appliquant qu'aux murs, fossés et haies qui servent de limites à deux héritages. Ce sont là les seuls objets que le Code appelle nommément mitoyens. On a donc défini la mitoyenneté : « L'ensemble des principes qui concernent la propriété, la jouissance et l'entretien des *constructions ou plantations servant de séparation entre deux héritages.* » — (MM. Aubry et Rau, t. II, p. 44.) Ou bien : « *La communauté des clôtures entre héritages contigus.* » (M. Demante, Progr., t. 1er.)

Cette définition nous semble beaucoup trop restreinte. Le Code civil, dans cette matière, n'a pas innové; il a suivi pas à pas, reproduit presque mot à mot, les dispositions des coutumes. Or, le droit coutumier n'étendait pas seulement la mitoyenneté aux clôtures des héritages, il comprenait sous cette dénomination une foule d'autres choses qui peuvent être communes entre voisins, comme : les cours, allées, sentiers, fossés d'aisance, canaux d'irrigation et autres semblables. (C. d'Orléans, a. 149; Desgodets, s. l'a. 205 C. Paris; Pothier, Société, nos 196 et 227.)

Le Code lui-même nous offre d'autres exemples de mitoyenneté que ceux de l'art. 652. Le toit, par exemple, d'une maison dont les étages appartiennent à différents propriétaires, (a. 664), est bien évidemment mitoyen, en ce sens qu'aucun des copropriétaires ne pourrait en demander la licitation, et que chacun d'eux y jouit d'un droit d'innovation, comme de le percer pour y établir des cheminées, etc. Et cela est d'autant plus évident que l'art. 664, où il en est question, se trouve dans la section : « Du mur et du fossé mitoyens. » Cependant, il est certain que ce toit ne peut servir de « clôture entre deux héritages contigus. »

De même, la jurisprudence n'a pas hésité à reconnaître des cas de mitoyenneté en dehors du Code civil. Ainsi, un arrêt de Colmar du 19 juillet 1849, a reconnu, que les ruelles qui existent quelquefois entre deux maisons voisines, et qui portent le nom de « *Schlupf* », sont mitoyennes. (V. enc. M. Pardessus, Serv., t. I, § 190.)

Si donc nous devions donner une définition de la mitoyenneté, nous dirions, en ajoutant quelques mots à une phrase de Pothier, (Société, n° 196) : La mitoyenneté est une communauté d'une espèce particulière, qui a lieu pour les choses indivises entre deux voisins et nécessaires pour l'usage de leurs héritages, tel qu'est une allée commune, ou un escalier commun, un puits commun, etc.

Cette extension donnée à la mitoyenneté, n'a rien qui soit contraire à l'esprit de l'art. 815 C. civ., qui veut que nul ne soit tenu de rester dans l'indivision. Les dissensions que cet article a voulu prévenir ne sont pas à craindre; car il ne faut pas perdre de vue que si la propriété est indivise, la jouissance ne l'est pas; la loi l'a réglée. Elle s'étend sur la chose entière et comporte un droit d'innovation, pourvu que l'innovation n'empêche pas l'exercice du droit des autres propriétaires. De sorte que chacun d'eux peut retirer de la chose tous les avantages qu'elle peut donner, et à bien moins de frais, puisqu'il n'a à supporter qu'une part de la dépense première et une part de l'entretien.

D'ailleurs, l'indivision ne porte jamais que sur des accessoires, et l'indivision des accessoires a paru quelquefois utile, nécessaire, même au droit romain, si scrupuleux pourtant à éviter l'indivision, qu'il ordonnait la licitation du mur commun ! (f. 19, § 1, comm. divi. D.)

PROPOSITIONS.

I. DROIT PUBLIC.

1. Non seulement la division du Droit en Droit naturel et droit positif n'a plus d'intérêt aujourd'hui, mais elle est dangereuse.

2. Le volume de liquide qui compose un cours d'eau est, comme toute autre chose, susceptible de propriété. — Les cours d'eau non navigables ni flottables n'appartiennent pas à l'état, ils forment entre les riverains une copropriété mitoyenne superficiaire, — (n° 34).

II. DROIT ROMAIN.

1. L'emphytéose ne pouvait pas s'acquérir par prescription. —(n° 10).

2. La loi 27, De Serv. D., se concilie fort bien avec f. 8, §1; f. 11; f. 12, eod. tit. —(n° 34).

3. Malgré la loi 16, §5, *D. De aliment. Vel. cib. leg.*, on ne saurait admettre que la communauté entre époux soit d'origine romaine.

4. Bien que la féodalité soit une institution germanique, on peut dire cependant que l'idée du fief est romaine.

III. DROIT CIVIL FRANÇAIS.

1. L'emphythéose n'existe plus aujourd'hui comme contrat spécial donnant un droit réel dans l'immeuble —(n° 21).

2. Toute construction élevée sur le terrain d'autrui, même par un constructeur de mauvaise foi, constitue à son profit un véritable immeuble superficiaire, dont il conserve la libre disposition, jusqu'au moment où le propriétaire déclare vouloir retenir cette construction. — Les hypothèques constituées par le propriétaire sur l'immeuble affermé après la passation du bail, ne grèvent pas les constructions du fermier — (n° 21).

3. La mitoyenneté, comme toute autre propriété, peut s'acquérir par prescription; — est susceptible de superficialité. —(n° 36).

IV. DROIT CRIMINEL.

1. La femme mariée qui a recelé les objets volés par son mari ne peut être réputée complice, selon la disposition de l'art. 62, c. p.

2. La suppression d'un enfant mort-né n'est pas un crime (a. 345, c. p.).

<table>
<tr><td>Vu par le Doyen,
LE 3 AOUT 1853.
C. AUBRY.</td><td>Vu par le Président de la thèse,
STRASBOURG, LE 1 AOUT 1853.
ESCHBACH.</td></tr>
</table>

Vu par le Recteur de l'académie,
STRASBOURG, LE 3 AOUT 1853.
AL. DONNÉ.